Barbara Passrugger HARTE ZEITEN
Die schweren und entbehrungsreichen Lebensjahre bis zum
Zweiten Weltkrieg. Erschienen bei Heyne Verlag unter der
Bandnummer 19/2027.

Hier eine kurze Zusammenfassung:

Vier Jahre vor Ausbruch des Ersten Weltkriegs wird Barbara
als achtes Kind der Bergbauern Hofer in Filzmoos bei Salzburg geboren. Die Mutter stirbt wenige Tage nach der Geburt, und das Mädchen kommt als Ziehkind auf einen Nach-
barhof. Hier verlebt Barbara eine Kindheit, die geprägt ist
von ärmlicher Kargheit, harter Arbeit und vielfältigen Äng-
sten — vor Zigeunern, dem strengen Lehrer und Pfarrer, den
unheimlichen Kadavern von geschlachteten Rindern —, aber
auch von der Liebe der Ziehmutter und einem starken Gefühl von Geborgenheit in der Großfamilie.

Das Leben auf dem Bergbauernhof zu Beginn unseres
Jahrhunderts bewegt sich in einem gemächlichen Rhythmus,
der die seltenen Eisenbahnfahrten nach Salzburg als aufre-
gende Sensation erscheinen läßt. Das Ende der Schulzeit ist
für die gerade Vierzehnjährige ein gefürchtetes Ereignis: Von
nun an muß sie gemeinsam mit den Männern durch harte
tägliche Arbeit ihre Unterhalts-„Schuld" gegenüber der Ziehmutter abdienen — ohne Lohn, ohne freie Stunden selbst an
Sonn- und Feiertagen. Heimlich besorgt sich Barbara eine
Lehrstelle als Näherin, aber das Lernen wird ihr nicht erlaubt. Für eingebildet hält man sie, zumal sie wegen ihrer Le-
bendigkeit und Geschicklichkeit von den Dörflern immer
schon argwöhnisch angesehen worden ist. Tatsächlich ist sie
die erste Frau, die — gemeinsam mit ihrem Bruder — die gefährliche Südwand des Dachsteins erklimmt.

Während des Zweiten Weltkriegs verliert sie ihren Bräuti-
gam, und nur ihrer Tüchtigkeit verdankt die Nazi-Gegnerin,
daß ihr Dachau erspart bleibt. Barbara arbeitet als Sennerin,
bekommt ein Kind, das sie allein großzieht. Schließlich übernimmt sie, nachdem die meisten ihrer Brüder gefallen sind,
einen Hof, den sie zunächst allein, dann mit einem Ehemann
bewirtschaftet. Die Ehe allerdings ist ein Desaster ...

Barbara Passrugger

Steiler Hang

Bearbeitet und mit
einem Nachwort versehen
von Georg Hellmilch

WILHELM HEYNE VERLAG
MÜNCHEN

HEYNE SACHBUCH
Nr. 19/2043

Ungekürzte Taschenbuchausgabe
Wilhelm Heyne Verlag GmbH & Co. KG, München
Copyright © 1993 by Böhlau Verlag Gesellschaft m.b.H.
und Co. KG, Wien—Köln—Weimar
Printed in Germany 1994
Umschlagfoto: Klaus Wonka, Köln
Umschlaggestaltung: Atelier Adolf Bachmann, Reischach
Druck und Verarbeitung: Presse-Druck, Augsburg

ISBN 3-453-08143-9

Inhalt

Rückkehr und Heirat 7

„Heute steht im Dorf kein einziges Haus von früher mehr" 7

„Es war mir schwer zumute, als ich sah, wie es da ausschaute" 12

„Mitten im Jänner, als ich frühmorgens aufgestanden bin, mußte ich feststellen, daß kein Wasser mehr da war" 13

„Womit hätte ich einen Knecht bezahlen sollen?" . . . 16

„Ich mußte aber unbedingt noch eine Kuh melken" . . 23

„Flink und rein müssen alle Kinder sein" 28

„Es war dauernd etwas zu tun für die Kinder 34

„Wir haben uns riesig gefreut, die Kinder und ich" . . 38

„Ich halte viel vom Herrgott" 40

Haus und Hof 45

„Auf den Betten lag der Schnee" 45

„Wir nahmen . . . das schwere Los auf uns, das Haus neu zu bauen" 47

„Es ist so notwendig, daß man vom Vieh etwas versteht" 55

„Manchmal gab es auch Schwierigkeiten beim Viehverkauf" 57

„Die Schafe bleiben ja nicht dort, wo sie dürfen" . . . 64

„Das Brot haben wir dann im Ort gekauft" 67

„Holzarbeit ist immer gefährliche Arbeit!" 71

„Auch Haushaltsgeräte oder Möbelstücke wurden hergestellt" 73

„Es hat auch richtig ungesunde Arbeiten gegeben" . . 75

„Alles händisch zu bewältigen, war schwer" 78

„Diese Mittel hat die Not gebracht" 81

„Eine Mülltonne wäre zu dieser Zeit ein Fremdwort gewesen" 84

„Soviel Schnee war, daß mein Mann keinen Baum holen konnte" 87

„Mit Krediten paßten wir immer auf" 89

Schwere Zeiten und Wende zum Guten . . 91

„Der Arzt konnte fast nicht kommen, soviel Schnee lag" 91

„Von der Müdigkeit überwältigt, legte ich mich oft mit nassen Kleidern ins Bett" 94

„Schon bald erlebte ich viel Freudiges" 98

„Diese Leute aus Köln waren die ersten Touristen, mit denen wir Kontakt hatten" 100

„Vielleicht war ich nie geeignet zum Heiraten" 103

„Auf den steilsten Hängen ging es mit Spitzkehren ganz gut" 104

Zur Entstehung des Buches 109

Rückkehr und Heirat

„Heute steht im Dorf kein einziges Haus
von früher mehr"

Als ich nach meinen sieben Dienstjahren von 1939 bis 1946 vom Wenghof in Radstadt zurückkam nach Filzmoos, war es noch das alte, ruhige und stille Dörfchen wie vorher. Es blieb in den Kriegsjahren so, wie es immer war. In den zwanziger Jahren wurde einmal ein Haus gebaut, aber seither weiß ich keines mehr. Es hat sich in den weiteren Nachkriegsjahren sehr viel geändert.

Neue Häuser und Straßen wurden gebaut. Der elektrische Strom kam von der SAFE, und die Technik hielt langsam Einzug in die Haushaltungen und in die Landwirtschaft. Das erste Haus, das neu gebaut wurde, war 1946 das Haus Bergheimat vom Bergführer und Schilehrer Wastl, dann nach und nach viele andere.

Heute steht im Dorf kein einziges altes Haus von früher mehr. Nur am Rande von Filzmoos der Mandlingbauernhof. Der wurde auch viel renoviert und ist heute der „Fiakerwirt". Der Pfarrhof wurde auch neu gebaut, aber fast im gleichen Stil wie vorher, nur größer. Vieles kam weg. Die Ursprungskapelle wurde versetzt, aber wieder neu aufgebaut. Auch die Feuerwehrhütte, die Holzhütten vom Boten und vom Gasthof „Bischofsmütze" und deren Wirtschaftsgebäude, die große Zirbe am Mandlinganger, das Tischlerhäu-

serl, das „Voglhäusl" genannt wurde, weil der Tisch-
ler, ein Sudentendeutscher, Vogl geheißen hat, und
der Schneiderstall sind nicht mehr.

Alles ist nach vielen Jahren: Es war einmal.

Das Ursprungsgasthaus „Bischofsmütze" wurde
viel umgebaut und ist nun ein großes Hotel. Statt
dem Schneiderhaus ist jetzt das „Hotel Dachstein".
Das alte Botenhaus ist ein Selbstbedienungsgeschäft,
das Schmiedhaus ein Souvenirgeschäft, das Wagner-
haus ein Sportgeschäft. Statt dem Tischlerhaus wurde
ein Haus mit einem Gastlokal und Wohnungen gebaut.
Statt dem Kolomannhaus ist das „Hotel Hubertus", und
statt dem Wirtschaftsgebäude von der „Bischofsmütze"
steht das „Hotel Hanneshof". Gleich daneben steht das
„Hotel Wurzer" und statt dem Schneiderstall das
„Landhaus Rieder". Dann gibt es noch viele Gasthäuser,
deren Namen ich nicht alle kenne.

Auf der Anhöhe neben der Kirche sind noch das
alte Schulhaus, der Pfarrhof und das Mooslehen-
haus. Das Mooslehenhaus wurde früher vielfach
„Gretlhaus" genannt, weil zwei alte, weichende
Mooslehentöchter drin wohnten, die Nannei und die
Gretl. So zirka vier bis fünf Meter hinter dem
Gretlhaus waren zwei Holzhütten. Eine für den
Pfarrhof und eine für die Schule. An die Holzhütten
wurde noch ein Plumpsklohütterl angebaut, vorwie-
gend für Frauen und Kinder, die den weiten Weg
zur Kirche hatten. Den Neubergern, Hachauern und
Reitstegern kam das Klohütterl sehr gelegen. Die
Männer konnten das Klo im Schulhaus benützen.
Auf diesen Grundstücken von den Holzhütten wur-
den der Friedhof erweitert und Gästepensionen ge-
baut.

Nach und nach kam auch die Technik nach Filzmoos. Wir hier am Haidegg konnten uns erst 1957
einen Motormäher leisten. Wohl als die letzten Bauern, die noch keinen hatten.

Auch ein Postautobus kam von Radstadt über Altenmarkt und Eben zweimal am Tag nach Filzmoos.
Das war so etwa 1947. Es war vorher teilweise eine
miserable Straße. Nur ein Fuhrweg, wie er für Och-
sen- und Pferdegespanne gebraucht wurde. Vorher
gingen die Leute von Neuberg zur Bahnstation
Eben. Für die war es dorthin näher.

Von den Ortschaften Burgfried, Hinterwinkel,
Oberberg und Hachau gingen die Leute zur Bahnstation Mandling. Vom Ort Filzmoos ist es nach
Eben elf Kilometer, nach Mandling sechs bis sieben
Kilometer. Mit einem Fuhrwerk konnte nur nach
Eben gefahren werden, nach Mandling war es zwar
kürzer, aber der Weg war noch schlechter. Es ging
immer den Wildbach Mandling entlang. Nach Un-
wettern oder Erdrutschen war der Weg unpassier-
bar. Man mußte dann den Weg auf einer Anhöhe
nehmen.

Im Winter hatten die Männer sehr schwere Arbeit
mit dem Holzfuhrwerken nach Mandling zur Bahnstation. Es war anstrengend und gefährlich für die
Fuhrwerker und für die Zugtiere. Winter mit viel
Schnee haben diese Arbeit etwas erleichtert und weniger gefährlich gemacht. Ein Privatauto hatte noch
lange niemand. Zuerst kamen die Traktoren, Heu-
wendemaschinen, Ladewagen und die Baumaschi-
nen. Bei unserem Hausbau, 1951, war alles noch
Handarbeit. Schneeräumgeräte gab es noch nicht.
Aber es wurden auch viele Straßen gebaut, auch zu

den entlegensten Bauernhöfen. Auch eine Höhenstraße in die Hachau wurde gebaut. Die Straße nach Eben ist nun eine Landesstraße und geht bis an die Grenze zur Steiermark. Auch das Telefon bekamen wir. Das alles waren große Helfer. Aber es kostete Geld. Viele dieser Annehmlichkeiten kamen erst durch den Tourismus, welcher auch in Filzmoos bestens floriert.

Auch Schilifte wurden gebaut. Der erste war ein Schlittenlift auf den Oberberg hinauf. Dieser Lift war ein Privatlift, den der Reithofbauer von sich aus gebaut hatte. Für diesen Lift mußte man auch schon zahlen. Unsere Buben sind dann immer zu mir gekommen um Geld betteln, daß sie nach der Schule rauffahren konnten und nicht gehen mußten. Und beim Schlittenlift war es schon so, daß zumindest die Hälfte Gäste waren, die damit fuhren. Dann kam der Roßbrandlift, ein Schleiflift, und der Rettensteinlift. Das waren drei große Lifte. Dann gab es noch einige kleinere und leichtere. Das war Anfang der sechziger Jahre. Langes Anstellen gab es damals noch nicht. Viele Leute sind gern hergefahren, weil man hier nicht lange anstellen mußte, bis auf Weihnachten war im Winter auch nie sehr viel los. Vor den Liftanlagen waren im Winter überhaupt keine Gäste da. Da war der Sommertourismus schon viel stärker. Das kehrte sich dann um. Jetzt ist der Winter die Zeit, in der mehr Leute da sind.

Mit den Gästen ging es eigentlich sehr solide zu, so daß man sich wenig dabei dachte. Das waren halt andere Schifahrer, die von irgendwo draußen herkamen, aber das akzeptierte man ohne irgendein Argument.

Für mich war das ganze sehr interessant, daß jetzt ein bisserl Bewegung gekommen ist, weil ich auch selber gerne Schi gefahren bin. Es war dann für mich ein bewegteres Leben im Winter, wo es sonst ja überhaupt nichts gegeben hat. Vorher war im Winter nichts los. Gerade die Männer hatten im Winter mit der Holzarbeit viel zu tun. Aber auch da änderte sich in dieser Zeit sehr viel. Durch die Maschinen, die es dann gab, wurde das ganze viel leichter. Dadurch hatten die Männer auch mehr Zeit für die Arbeiten für den Wintertourismus.

Als der Rettensteinlift gebaut wurde, kam ich oft aus dem Staunen nicht heraus. Für den Lift mußte viel Holz vom Staatsforst gehackt werden, die Bäume wurden mit der Motorsäge umgeschnitten und sofort mit großen Traktoren ins Tal geführt – mit Ästen und allem drauf. In vierzehn Tagen war der Kahlschlag fertig. Früher hätten die Holzknechte den ganzen Sommer daran gearbeitet. Aber 1976 ging schon alles maschinell. Die vielen Holzknechte fanden dann Arbeit durch den Wintertourismus.

Auch für mich hat sich durch die vielen Gäste einiges verändert. Ich habe viel mehr Kontakt mit den Leuten gehabt. Einmal war unten im Hanneshof ein Lichtbildervortrag von einem Kölner, und so hat es immer wieder was Neues gegeben. Es ist in das ganze Leben mehr Fröhlichkeit gekommen, daß man sich nicht mehr so in der Einsamkeit gefühlt hat. Die tote Saison habe ich immer als unangenehm empfunden. Ich habe weniger gestrickt und mich immer schon gefreut, wenn die Saison begann, so daß wieder die Leute kamen. Da habe ich viel mehr Ansprache und Unterhaltung gehabt. Was mich sehr interessiert hat war, wenn mir die Gäste über fremde Länder erzählt haben. So habe ich ein bißchen Einsicht bekommen, wie es in der weiteren Welt ausschaut. Für mich war das ein richtiges Aufleben.

„Es war mir schwer zumute, als ich sah, wie es da ausschaute"

Nach dem traurigen Verlust meines Bruders Stefan kam ich am 8. Juni 1946 in meine Geburtsheimat zurück. Stefan, mein zweitältester Bruder, war nach dem Kriegstod von Florian, meinem jüngsten Bruder, Besitzer des Haideggutes geworden.

Stefan wurde nach seiner Heimkehr immer vom ältesten Bruder verpflegt, der Rettenegg übernommen hatte. Daher hielt er sich nicht ständig am Haidegg auf. Er starb dann ganz plötzlich an den Folgen eines Kriegsunfalls, eines Hufschlags von einem Pferd am Hinterkopf, an Gehirnschlag am 26. Mai 1946.

Am 8. Juni ging ich dann auf Wunsch meiner Geschwister auf das Haidegut am Obersberg.

Es war mir schwer zumute, als ich sah, wie es da ausschaute. Kein Getreide war auf dem Feld angebaut, auch nichts im Garten. Im Haus war nicht das geringste vorhanden, es war vollkommen leer, bis auf ein paar an die Wand angenagelte Stubenbänke, Haus- und Wirtschaftsgebäude baufällig und alles in total verwahrlostem Zustand. Es gab auch keine Wasserleitung zum Haus. Zirka fünfzig Meter ober dem Haus mußte ich das Wasser holen.

„Mitten im Jänner,
als ich frühmorgens aufgestanden bin,
mußte ich feststellen,
daß kein Wasser mehr da war"

Erst wenn man kein Wasser mehr hat, kann man es
so richtig schätzen, was Wasser für alle Lebewesen
bedeutet, für die Menschen, das Vieh und auch für
die Pflanzen. Schon von Anfang an, als ich hier 1946
auf das Haidegg herkam, begann das Gfrett mit dem
Wasser, denn die Wasseranlage war ebenso verlot-
tert und verludert wie die gesamte Wirtschaft und
die Gebäude. Die Holzrohrleitungen waren zum Teil
verfault und teilweise gar nicht mehr vorhanden, so
daß das Wasser nur mehr in offenen Gräben zugelei-
tet wurde. Wir hatten zwar bei den Bundesforsten
bei einer großen Quelle das Wasserrecht, aber wir
waren damals nicht in der Lage, eine neue Wasserleitung anzulegen, da die Quelle ungefähr neunhun-
dert Meter entfernt war.

Bei Regenwetter versandeten die Rohre immer
wieder und waren verstopft. Die Kühe haben auf
der Weide die offenen Gräben vertreten, herausge-
soffen und hineingemacht. Es kam auch nicht selten
vor, daß in den verfaulten Holzrohrleitungen Frö-
sche, Mäuse und Maulwürfe steckenblieben und wir
das Zeug mit dem Brunnenrohrdraht herausstoßen
mußten. Wasserwipeln – das waren dicke, einen
Zentimeter lange, weißliche, fast durchsichtige Würmer – und Wasserläuse beziehungsweise Wasser-
kaibln waren ohnedies eine Selbstverständlichkeit.
Sie schwammen oft in Massen herum wie so ganz

13

winzige Fischlein. Wenn man das Wasser eine Zeitlang stehen ließ, sanken sie zumeist zum Boden.

Wenn ich heute so über das alles nachdenke, muß ich mich wundern, daß ich mit diesen mißlichen Zuständen mittlerweile schon über achtzig Jahre alt werden konnte. Es muß doch nicht alles so giftig gewesen sein, wie es heute dargestellt wird.

Am schlimmsten jedoch war es bei Trockenheit, wenn das Wasser in den offenen Gräben versickerte und wir ohne Wasser dastanden. So begann mein Bruder, der Franzei, der mir immer viel half, in den offenen Gräben herumzugraben, um Wasser zu suchen. Aber auch das hatte wenig Erfolg, so daß wir, wenn ein trockener Herbst war, immer befürchten mußten, daß uns im Winter das Wasser ausgeht. Und so geschah es auch tatsächlich.

Mitten im Jänner, als ich frühmorgens aufgestanden bin, mußte ich feststellen, daß kein Wasser mehr da war. Nichts mehr war da. Was jetzt tun? Ich war der Verzweiflung nahe. Kein Tropfen mehr zum Kochen, nichts zum Waschen, und das Schlimmste war das mit dem Vieh. Einen Durst hatten die Viecher, so daß sie gleich anfingen zu plärren. Saukalt war's, gestürmt hat's, soviel Schnee, daß man hint' und vorn' nicht hat rauskönnen, aber es war die einzige Rettung, Schnee aufzutauen. Wir begannen, große Töpfe auf den Herd aufzustellen und fest einzuheizen. Das war eine mühevolle Arbeit. Wenn man oft die ganze Nacht durchgeheizt hat und wirklich einen Haufen Schnee aufgetaut hat – im Topf war wieder nur ein Lackerl. Aber es war das einzige Überleben für Mensch und Vieh. Bis das Brennholz knapp wurde, denn davon hatten wir auch nicht zuviel. So blieb uns nichts mehr anderes übrig, als hundert Meter weit den tiefen Schnee auszuhauen bis zum Ahorneggraben, daß wir das Vieh zum Wasser treiben und im Milchbütscherl was heimtragen konnten zum Kochen. Oft kam es vor, daß es den geräumten Weg wieder zuwehte und wir den Weg von neuem aushauen mußten. Zum Glück wurde es noch Ende Februar ein bissl wärmer und besser, so daß wir uns durch den Winter geschlagen haben.

Seitdem kann ich es schätzen, wenn man hingehen kann, den Wasserhahn aufdrehen, und es kommt Wasser heraus. Ein Gfrett mit dem Wasser hatten früher sicher viele, aber so schlimm wie bei uns war es bestimmt nicht gleich wo.

Der Ort Filzmoos wurde immer größer, und auch der Wassermangel wurde immer schlimmer, so daß die Dorfbewohner mit der Zeit auf die Idee kamen, eine Wassergenossenschaft zu gründen und eine Ortswasserleitung zu bauen. Und, wie es der Teufel haben will, sie kamen genau auf die Quelle, an der wir mit ein paar Nachbarn das Wasser- und Mühlenrecht hatten. Die Bundesforste stimmten dem Verkauf der Quelle zu, und uns wurde das Wasserrecht entzogen. Die Kommissionsgebühren mußten wir auch noch bezahlen.

So standen wir wieder da mit dem wenigen und schlechten Wasser aus den Sumpflöchern, und wir wußten wieder nicht: Wird es durchhalten oder nicht? In unserer Verzweiflung versuchten wir einmal, ein Restwasser abzuleiten, das bei der Quellenfassung der Ortswasserleitung durchsickerte. Dabei hat uns der Oberförster das Werkzeug weggenommen, es im Wasserbehälter eingesperrt und mit einer

Anzeige wegen Besitzstörung gedroht. Da uns das Wasserrecht entzogen worden war, hatten wir bei der Quelle nichts zu suchen. So begann für uns ein fast zwölfjähriger Kampf um das Überleben mit verläßlichem Wasser.

Der damalige Obmann der Wassergenossenschaft versprach mir zwar immer, daß wir zu unserem Wasserrecht kommen, aber es kam nie soweit. Auch beim Bürgermeister ging es uns gleich. Von der Landesregierung bekamen wir zu dieser Zeit auch keine Hilfe. Bis nach fast zwölfjährigem Kampf um das Wasser der Nationalrat Josef Steiner aus Altenmarkt-Zauchensee und Sebastian Kirchgasser, Schmiedlehenbauer aus Radstadt, sich für uns einsetzten und der Landesregierung klarmachten, daß es nicht zumutbar ist, einen Hof auf Gedeih oder Verderb ohne Wasser zu lassen. Daraufhin wurden wir von der Landesregierung vorgeladen, wo uns das Wasserrecht endgültig zugestanden wurde. Die einzige Auflage war, daß wir eine ordentliche Wasserleitung gemeinsam mit unserem Nachbar, dem Stützlbauern, bauen müßten. Das war für uns damals zwar eine hohe finanzielle Belastung, aber mit Beihilfe der Landesregierung haben wir es dann schon geschafft, daß wir nun keine Wassernot mehr haben. Allen denen sind wir für immer sehr dankbar, die uns dazu geholfen haben.

„Womit hätte ich einen Knecht bezahlen sollen?"

Es fehlte aber auch sonst an vielen anderen Dingen. Kein Brennholz war da, die Einzäunung war mangelhaft und vieles mehr. Hätte ich nicht von meinem

Dienst als Sennerin Erspartes gehabt, ich hätte mir kein Eß- oder Küchengeschirr kaufen können. Kein Bett war da, ich hatte nicht einmal einen Strohsack, da auch kein Stroh und Heu vorhanden war. Es war einfach alles überall leer.

Es dauerte fast eine Woche, bis mein Bruder Franz mit einem Ochsengespann – auf dem damals noch sehr schwer befahrbaren Weg vom Dorf her – mir meine im Dienst erworbenen Sachen auf den Berg nachbringen konnte.

Es war doch einiges an Eß- und Kochgeschirr und das notwendigste Bettzeug, das ich mir von meinem Lohn hatte leisten können. Mit neunundzwanzig Jahren hatte ich nämlich am 1. Juli 1940 meinen ersten Monatslohn am Wenghof in Radstadt erhalten und bis zu meiner Rückkehr nach Filzmoos gespart.

Nun, mit gutem Mut, Zuversicht und großem Gottvertrauen, fing ich wieder ein ganz neues Leben an. Das Bauernleben kannte ich ja schon von Kindheit an, aber nun stand ich ganz alleine da. Zum großen Glück half mir mein Bruder Franz bei vielen schweren Arbeiten: zuerst einmal Brennholz besorgen, dann das Wasser näher zum Haus leiten, die Zäune ausbessern oder neu aufrichten. Es brach zuerst das Nachbarvieh in die Felder ein, und die zwei Kühe, die uns gehörten, blieben auch nicht auf der eigenen Weide. Zwei Kühe waren gottlob vom Stefan da. Eine gab keine Milch, die andere sehr wenig, aber es war doch etwas, was ich so notwendig brauchte.

Viele Arbeiten gab es zu erledigen, und viele davon waren Arbeiten, die man alleine und als Frau nicht machen konnte. Zwar war mir mein Bruder oft zur Hand, aber auf die Dauer war das kein Zustand. Ich brauchte zu vielen Arbeiten Männerkraft, weil es doch viele starke Arbeiten gab, die ich als Frau schwer erledigen konnte. Da dachte ich dann auch ans Heiraten, weil als Knecht bei mir zu arbeiten wäre auch niemand zu haben gewesen.

Meine Freundin kam dann und sagte, sie wüßte einen, der nicht raucht und nicht trinkt und von der Bauernarbeit was versteht. Sie hatte gewußt, daß ich unbedingt wen haben muß. Womit hätte ich einen Knecht bezahlen sollen?

Und so heiratete ich gleich im Herbst. Er sagte gleich in der ersten Zeit, nachdem wir geheiratet hatten, ich muß ihm übergeben. Er arbeitet nicht so und gibt nicht den Knecht ab. Ich überschrieb ihm also am 4. Dezember 1946 bei einem Notar den Hälftebesitz. Sonst hätte ich ihm was zahlen müssen für die Arbeit, die er geleistet hat.

Es war wirklich notwendig, daß ein Mann auf den Hof kommt, es war so viel zu richten, wie die Wasserleitung oder das Brennholz. Davon war nicht ein Scheit da. Nachdem ich verheiratet war, mußte das mein Mann erst besorgen, weil es schon so notwendig für den Winter war. Der Oberförster markierte uns im Wald dürre Bäume, und das war unser erstes Brennholz. Das war Männerarbeit, für eine Frau wäre das zuviel gewesen. Ich habe bei diesen Männerarbeiten immer mitgeholfen, aber nichts alleine gemacht. Im Herbst mußte auch noch die Streu für den Winter gerichtet werden, das war kleingeschlagenes Holz von den Ästen der Fichtenbäume.

Auch im Winter gab es schwere Arbeiten zu erledigen. Neben der Stallarbeit mußte auch noch der

18

Mist weggeführt werden, und das war eine ganz schwierige Tätigkeit. Unsere junge Kuh mußte erst als Zugtier angelernt werden, auch das konnte man nur mit Männerkraft schaffen. Im Frühjahr mußten die Zäune repariert werden, die waren alle kaputt, man konnte nur mehr erahnen, wo der alte Zaun verlaufen war, weil das vermoderte Holz noch da war. Auf den Feldern mußten die Maulwurfhaufen glatt gemacht und die Steine geklaubt werden.

Dann haben wir auch umgeackert. Bei meinem Ziehbruder liehen wir uns einen Ochsen aus und spannten unsere Kuh dazu. Das Umackern war sowieso eine Arbeit, die man nur zu zweit machen konnte. Ich mußte mit den zwei Zugtieren gehen, und mein Mann hielt den Pflug in der Spur. Dann baute er auch Flachs und Kartoffeln an. Das hatten wir dazumal alles noch selbst. Auch auf der Alm war alles kaputt und mußte wieder hergerichtet werden. Wir richteten die Zäune, es war dort Weidevieh vom Nachbarn, weil wir selbst nicht so viel Vieh hatten, um die Alm zu besetzen. Ich half bei allen Arbeiten mit, die sonst Männer machten.

Neben dem Gemüsegarten vor dem Haus legte mein Mann auch hinter dem Haus einen Garten für das Vieh an. Dort waren fast nur Rüben und Futter für das Vieh angebaut.

Die Arbeiten hörten nie auf. Eine besonders harte Arbeit war es, das Servitutholz zu schlagen. Der Oberförster teilte uns das Servitutholz zu, das man vom Staat zugesprochen erhielt, für jeden Bauern angemessen.

Die nächste Arbeit war dann die Heumahd, die ich damals nicht allein bewältigen hätte können. Wir

19

mußten wirklich beide schuften, alles mußte mit der Sense gemäht werden. Ganz zeitig, um vier Uhr früh, bin ich hinauf auf die Weide, habe die Kuh im Freien gemolken, und mein Mann hat in der Zeit angefangen zu mähen. Wenn ich mit der Milch kam, haben wir das Frühstück gegessen und sind dann beide mähen gegangen.

Eine der unangenehmsten Arbeiten bedeutete für mich das Miststreuen mit der Hand, weil es so eine halbgebückte Arbeit war, oft blieb ich stundenlang in dieser Stellung, und das hat meinem Kreuz nicht gut getan. Bei Arbeiten, bei denen ich mich ganz hinunterbeugen mußte, wie beim Kornschneiden, da ging es besser.

So hatten wir miteinander bei der Arbeit viel geschafft, und das war am Abend, auch wenn man müde war, ein schönes Gefühl.

Als mein Mann dann wegging, mußte ich auch für das Brennholz selbst vorsorgen. Ich habe auf einem Kahlschlag Knüttel gesammelt und auf große Haufen geschlichtet. Im Herbst holte das mein Sohn ab und führte es zum Haus. Ich hatte immer großen Eifer, wenn es darum ging, dürre Äste und Knüttel im Wald zu sammeln, und ich konnte das noch 1984 alleine leisten. Da war ich schon noch etwas stärker. Jeden Tag ging ich hinaus und trug die Knüttel zusammen. Auch mit meinem Sohn Hans arbeitete ich immer sehr gerne zusammen.

Im November 1946 nahm mein Bruder, der Bauer am Rettenegg war, unsere zwei Kühe und gab uns eine trächtige Kalbin dafür. Diese wurde eine gute Milchkuh. Es ging uns dann schon in allem etwas besser. Wir behielten das Kälbchen, ein Kuhkälbchen, und es blieb noch Milch übrig zum Verarbeiten für etwas Butter. Mit der Magermilch konnte ich bald schon ein Ferkel halten.

Auch einige Hühner konnte ich halten, die bekam ich samt Futtermittel von Frau Hoppenrath. Diese Hühner, es waren fünf Stück, stammten von Flüchtlingen aus dem Mai 1945, welche sich bei Hoppenrath am Wenghof in Radstadt einige Wochen aufgehalten hatten und dann weitergezogen waren. Die Hühner nahmen sie nicht mit. Zu Frau Hoppenraths Rasse paßten sie nicht dazu, und sie wollte daher die Hühner nicht.

Nun hatte ich schon etwas an Eßsachen. Es kam aber ein sehr strenger Winter. So schrecklich kalt war es in dem alten, baufälligen Haus. Die Nachbarin, die Ahornegg-Mutter, schenkte mir zu Weihnachten einen Eimer voll Kartoffeln. Einmal vergaß ich, am Abend die Kartoffeln von der Stubenwand zum Herd hin zu rücken. Die waren in der Früh steinhart gefroren. Ich habe geweint. Ich hatte keine Kartoffel mehr. Weihnachten war dann alles eher als schön. Aber es ging vorüber und so auch der Winter 1946/47.

Im Frühjahr 1947 konnten wir schon für so manches vorsorgen. Wichtig war das Umackern auf dem Feld und im Garten. Hafer säten wir an, der auf unserer Höhe noch reift, und Gemüse im Garten. Saathafer kauften wir beim Untersulzbauern in Radstadt und auch dreißig Kilogramm Frühjahrsroggen. Samen für Salat, Weißkraut, Karotten, rote und gelbe Rüben und Kohlrabi besorgte ich mir im Kaufhaus und säte dann alles an. Der Sommer war gut, und gegen den Herbst zu konnte ich bereits einiges aus dem Garten ernten.

21

Mein Mann machte den Garten viel größer, als er vorher war. Es war lange in dem kleinen Garten nichts mehr angebaut worden, denn meine Brüder durften nicht daheim bleiben, sondern mußten in den Krieg.

Auch dem Winterroggen sah man schon an, daß er gut gedieh. Anfang Juli kam Maria, die Schwester von meinem Mann, um uns bei der Ernte zu helfen, da ich in absehbarer Zeit die Geburt eines Kindes zu erwarten hatte.

Es war der 15. Juli, als der kleine Erdenbürger kam. Trotz meines Hungerleidens am Anfang der Schwangerschaft war es ein gesundes Büblein. Maria blieb dann noch bis zur Roggenernte, so bis Ende August. Sie war tüchtig und arbeitsam. Ich hatte sie sehr gerne. Es tat mir leid, als sie ging. Ich fühlte mich nachher sehr verlassen. Vorher, als sie noch da war, brauchte ich nicht die schweren Außenarbeiten auf dem Feld zu machen. Dann mußte ich wieder bei allen Arbeiten bei meinem Mann sein. Es war alles Handarbeit. Wir hatten keine einzige Maschine. Ich habe natürlich überall mitgeholfen, aber oft war es dann schwerer mit dem Kind.

Für die Kinder mußte ich in der Nacht vorsorgen: Wäsche waschen, das Essen vorkochen, das ich am Tag dann nur mehr aufwärmen brauchte. Damals gab es, zumindest bei uns, noch nicht fertiges Kinderessen zu kaufen. Ich mußte Mehl vom Roggen oder vom Weizen, wenn ich welches hatte, in die Milch einkochen. Das sogenannte Kindskoch war dann schnell aufgewärmt.

Wenn ich nach den Geburten gleich wieder die schweren Arbeiten machen mußte, konnte ich nie lange stillen. Dadurch war die Milch bald weg. Auch mußte ich oft, ohne bei den Mahlzeiten mitzuessen, Schweine und Hühner füttern und die Kühe versorgen. Bei den Kindern durfte ich nur das Allernotwendigste tun. Am Tag ließ mir mein Mann keine Zeit dazu.

Wir konnten den Winterroggen bei schönem Wetter einbringen, und die Ernte war gut. Ich sage heute noch immer, von dem erbetenen Saatroggen von den guten Menschen im vergangenen Herbst bekamen wir viel schönes Korn wie später nie mehr. Ich konnte meinen Helfern in der größten Not zu meiner Freude mehr zurückgeben, als sie mir geliehen hatten. Es war reichlicher Gottessegen.

Auch mit der trächtigen Kalbin, welche mir mein Bruder für zwei Kühe eintauschte, hatten wir großes Glück. Sie wurde eine gute Milchkuh, brachte jedes Jahr ein gesundes Kuhkälbchen zur Welt, und wir brachten mit den Jahren unseren ganzen Viehbestand aus ihrer Abstammung zusammen.

„Ich mußte aber unbedingt
noch eine Kuh melken"

Bei all meinen Schwangerschaften hatte ich nie einen Arzt. Man machte sich vorher mit der Hebamme aus, wann beiläufig die Zeit ist. Sie vermerkte das dann, und erst wenn ich so richtig spürte, daß es soweit ist, dann ging halt mein Mann zur Hebamme und hat gebeten, sie möchte kommen.

Beim ältesten Mädchen – das war am Weißen Sonntag, das ist der Sonntag nach Ostern – setzte mein Mann gerade unterhalb des Hauses einen Apfelbaum, und ich sagte am Nachmittag zu ihm, er müsse sich darauf einstellen, daß er so in ein bis zwei Stunden die Hebamme holen gehen muß.

Er blieb bei seiner Arbeit, und ich ging so gegen halb vier in den Stall. Dann sagte ich ihm noch einmal, er soll die Hebamme holen gehen. Er ging dann auch, und ich machte noch im Stall weiter. Als die Hebamme da war, sagte sie, ich soll die Stallarbeit bleiben lassen. Ich mußte aber unbedingt noch eine Kuh melken, die sich sonst von niemandem melken ließ. So habe ich noch die Kuh gemolken, bin dann hinein, habe mich ein bisserl gewaschen und ins Bett gelegt. Und eine halbe Stunde drauf ist schon das älteste Mädchen dagewesen. Bei der Geburt ist es mir gut gegangen.

Beim zweiten Mädchen, das war das fünfte Kind, da war es ganz schlimm. Die Hebamme brachte die Nachgeburt einfach nicht weg. Da mußte dann doch der Arzt kommen. Nach dieser Geburt war ich durch den Blutverlust schon sehr schwach.

Die Kleinen blieben entweder bei den Älteren zu Hause, oder sie sind mitgekommen zur Arbeit. Als sie dann ein bisserl stärker geworden sind, habe ich sie schon mitgenommen. Ich hab sie dann eingepackt, unter einen Baum in den Schatten gelegt, und dort haben sie entweder geschlafen oder halt auch einmal geweint. Es war aber nicht anders möglich, weil ich der Arbeit nachgehen mußte.

Der Älteste von den Buben hat mit acht Jahren schon ganz brav zu Mittag gekocht, so daß ich schon auf dem Feld bleiben konnte. Wir brauchten uns nur zum Tisch setzen, wenn wir vom Feld heimgekommen sind. Das hat mir halt ganz besonders gepaßt. Der Älteste hat nach dem Rezept schon die Buchteln und das Mus gekocht. Da haben dann auch die Kleinen im Haus bleiben können. Ich habe mir dann aber immer Sorgen um die Kinder gemacht.

Aber ich habe auch gewußt, wie es mit den Kindern war, die aufs Feld mitgenommen wurden. Da hat es eine Frau gegeben, die immer die Kinder im Kübel mit aufs Feld genommen hat, weil sie sonst nichts anderes hätte tun können mit den Kleinen. Die sind aber arm gewesen! Auch beim Aufwachsen haben sie immer noch eine Behinderung gehabt. Da ist ja Dreck und Speck in dem Kübel drinnen gewesen, in dem sie mitgenommen worden sind. Und schon deswegen habe ich immer geschaut, daß ich die Kinder bei mir habe und daß sie anständig liegen können, wenn ich sie mitgenommen habe. Wie sie dann schon laufen haben können, sind sie ohnehin überall mitgelaufen.

Den Abwasch haben sie sowieso immer gemacht. Das war schon immer eine große Erleichterung, weil ich ja sonst auch in die Nacht hätte hineinarbeiten müssen.

Nach der Geburt ist eine Aushilfe gekommen, wir haben „B'seherin" zu ihr gesagt. Die war höchstens so sechs, sieben Tage da, länger überhaupt nie. Eine solche „B'seherin" war auch schwer zu bekommen. Sie hat in der Zeit meinen Mann, die Kinder und mich versorgen müssen. Nach sechs Tagen ist sie gegangen, und dann habe ich wieder alles machen müssen, obwohl ich oft noch sehr schwach gewesen bin.

Die „B'seherin" war einfach so eine Frau, die einem die Arbeit gemacht hat, das war kein bestimmter Beruf. Man hat sich da selber umschauen müssen, daß man eine findet, die ein paar Tage Zeit gehabt hat. Sie hat da gewohnt und jeden Tag ihren Lohn bekommen. Da ist es mir gut gegangen. Man hat auch schon ein paar gewußt, zu denen man hat gehen können. Sie haben neben der Hausarbeit auch noch Feldarbeit machen müssen. Wenn im Haus alles erledigt war, haben sie dann auf dem Feld weiterarbeiten müssen. Das Kleine hat mit der „B'seherin" und mit mir in einem Bett geschlafen. Da haben wir einmal eine gehabt, die hat so tief geschlafen, daß ich Angst gehabt habe, daß sie mir das Kind erdrückt.

Als die Barbara auf die Welt kam, ist gleich danach – die „B'seherin" ist auch schon weg gewesen – vom Nachbarn der Sohn gekommen. Er hat in der Küche die Wasserleitung gemacht und hat gestemmt. Ich habe mir gedacht, ich muß das Kind in der Stube lassen, damit es durch den Lärm nicht aufgeweckt wird. Aber die hat in der Stube drinnen geschrien! Ich bin immer wieder hinein und habe sie beruhigt. Dann habe ich mir gedacht: „Jetzt wird es mir aber zu dumm! Ich lege sie in die Küche zu mir." Ich habe das Essen für den Handwerker machen müssen. Wie ich sie hergelegt habe, hat sie gleich geschlafen, obwohl der da gehämmert hat. So ein Kind merkt schon, wenn es eingeschlossen wird, das will nicht gern alleine sein. Das muß spüren, daß da wer herum ist.

Als die Buben dann größer waren, haben sie auf die kleinen Dirndln aufpassen müssen. Die Spezialaufgabe von Hans war die Barbara, auf die hat er immer aufpassen müssen. Wenn es sich nur ein bisserl ausgegangen ist, hab ich immer geschaut, daß ich mich mit ihnen abgeben kann. Die Buben haben nicht nur kochen können, sondern auch stricken. Das haben sie zu Hause gelernt. Der Seppi und der Hans, die haben sich auch selber Socken gestrickt.

Dadurch, daß ich gleich wieder weitergearbeitet habe, habe ich nicht lange stillen können, so daß ich die Kinder mit der Kuhmilch aufziehen mußte.

Immer, wenn ein Kind unterwegs gewesen ist, habe ich mich richtig gefreut. Auch so, wenn die ganze Schar um mich herum war, habe ich mich richtig wohl gefühlt. Ich hätte auch nie ein Kind weggeben können. Das hätte ich nicht zusammengebracht, das wäre für mich unmöglich gewesen.

Zu dieser Zeit hat es keine Ziehkinder mehr gegeben wie zu meiner Zeit, aber in der Gastwirtschaft ist es schon häufig vorgekommen, daß sie Kinder zumindest zur Saisonzeit weggegeben haben. Aber sie haben sie dann schon auch wieder genommen. Da hat es ja auch noch keinen Kindergarten gegeben.

Wie ich hatten auch meine Kinder fast kein Spielzeug. Gekauft ist so etwas überhaupt nicht worden, aber Geschenke haben sie manchmal bekommen. Wir haben eine Frau aus Wien kennengelernt, die Fritzi, die hat einmal eine Puppe für die Mädchen gebracht. Und die Mädchen hatten irrsinnige Freude an der Puppe. Sie haben auf die Puppe geschaut und haben sie angezogen und nie den Brüdern überlassen zum Spielen. Die jüngste Tochter hat die Puppe mitgenommen, und ihre Tochter spielt jetzt wieder mit ihr. Einen Teddybären hatten sie auch. Den Teddybären hatte sogar ich gekauft. Sonst hatten sie kein Spielzeug. Sie haben ja auch viel Zeit für die

27

Handarbeiten gebraucht, und die haben sie auch sehr gerne gemacht: stricken und sticken und Häkelarbeiten. Die Mädchen waren überhaupt mehr zur Handarbeit geneigt als zum Spielen. Die Buben sind halt im Winter sehr viel Schi fahren und Schlitten fahren gegangen.

Der mittlere hat sich einmal beim Schlittenfahren den Fuß gebrochen und wollte es nicht zugeben. Dann ist er noch acht Tage lang mit dem gebrochenen Fuß in die Schule gegangen. Aber dann ging's doch nicht mehr. Er hat dann einen Gips bekommen.

So sind unsere Kinder überhaupt nicht mit richtigem Spielzeug aufgewachsen. Sie hatten ja auch keine andere Wahl. Sie haben es aber auch gar nicht irgendwie vermißt. Die Jüngste war eine Zeitlang allein zu Hause, sie hat sich dann viel mit dem Vieh abgegeben. Die hat ein eigenes kleines Lamperl vor dem Schulgehen getränkt, weil die Mutter keine Milch gegeben hat. Fad war ihnen nie.

„Flink und rein
müssen alle Kinder sein"

Mein Ältester, mein außerehelicher Sohn Franz Hofer, kam im September 1950 in Filzmoos in die Volksschule. Als Kind war er sehr schüchtern und kannte außer den Nachbarkindern wenig Leute. Nur meine Ziehschwester Anna mochte er sehr gern. Sie gab ihm jedesmal gute Sachen zum Essen und auch zum Mitnehmen. Es war aber auch nicht so oft, daß wir sie besuchen konnten, denn meine viele Arbeit wäre unerledigt geblieben. Ganz arg fürchtete er schwarz angezogene Männer. Wenn ich zu unserem Pfarrer gegangen bin, versteckte er seinen Kopf hinter meinem Kittel. Wenn der Kaminkehrer kam, fand ich den Buben eine Zeit nicht mehr. Vor Angst hat er sich im hintersten Winkel versteckt.

Es kam der erste Schultag. Nach dem Gottesdienst sind wir beide hin zur Schule. Er hielt mich die ganze Zeit fest an der Hand. Mütter mit Kindern waren schon im Vorraum, und eine nach der anderen kam dran zum Hineingehen in die Klasse, jedesmal von der Frau Lehrerin von der Tür weg begleitet. Ich war sehr froh, als ich sah, daß es eine Frau ist. Den Männern gegenüber war der Bub ängstlicher eingestellt. Ich wartete bis zuletzt, denn jedesmal, wenn die Frau Lehrerin herauskam, hielt er mich noch fester an der Hand.

Nun war es soweit, die Lehrerin kam zur Tür und hielt sie auf, wir sollten hinein. Nun ging's los. Mit Händen und Füßen fing er an herumzustoßen, und erwischte sogar die Lehrerin mit den Füßen. Aber die Lehrerin war sehr vernünftig, sie hat heute noch meine Hochachtung, und sagte: „Gehen sie nur wieder heim, wir werden morgen schon sehen, wie es geht." Beim Nachhausegehen redeten wir kein Wort von der Schule.

Er mußte daheim wieder seine Arbeit machen wie jeden Tag. Das waren Holz und Wasser in die Küche tragen, die Kühe holen und nach dem Melken wieder austreiben, bei schönem Wetter auf dem Feld mithelfen. Am Abend ging er schlafen, ohne daß wir mit einem Wort die Schule erwähnten.

Ich war in Sorge wegen des kommenden Tages und weckte ihn zeitig auf. Er stand gleich auf und

machte sich ans Waschen, Anziehen, Frühstücken.
Dann flitzte er gleich zu den Nachbarkindern hinunter, von denen auch ein Kind mit der Schule anfangen mußte. Bald waren alle zusammen, und schnurstracks ging's den Steilhang hinunter. Kinder gehen nicht nach dem Weg oder der Straße den Berg hinunter. Vor allem im Herbst werden die Abkürzungen über die Halden und die Felder genommen.

Im Tal unten trafen sie direkt auf die Frau Lehrerin, die auf dem Weg zur Schule war. Sie wohnte beim Rainerbauernhof in Hinterwinkel. Gleich teilte sie an die Kinder Zuckerln aus, und der Franzei bekam ein ganzes Sackerl voll. Das war der Anfang einer kindlichen Zuneigung, die er all die Jahre für die Frau Lehrerin hatte. Als er am ersten Schultag heimkam – wir waren gerade beim Grummetheuen –, mußte er, bevor er zum Haus gehen durfte, auf den Heuwagen kraxeln und Fuder treten. Ich fragte ihn gleich, ob er schon was in der Schule gelernt hat. „Ja", sagte er ganz begeistert: „Flink und rein müssen alle Kinder sein."

Ich war dann jeden Tag erstaunt, wie er jedesmal im Handumdrehen seine Schulaufgaben machte, denn vorher konnte er nicht bis zehn zählen. Ich hatte einfach keine Zeit, mit ihm etwas zu lernen, und sonst hatte ich niemanden, der ihm was beigebracht hätte. Zu den Nachbarkindern durfte er selten gehen, weil mein Mann es nicht wollte. Er ging dann mit großer Begeisterung in die Schule.

Es war in seinem ersten Schuljahr zu Allerheiligen, als ich Franzei mit in die Kirche nahm. Ich erzählte ihm, daß wir für unsere Verstorbenen beten müssen, für die Großeltern und Onkeln. Ganz spontan sagte er dann: „Mama, wenn du stirbst, dann muß das Fräulein meine Mama werden!" Fräulein wurden damals bei uns die Lehrerinnen genannt. So sehr hatte er seine Lehrerin ins Herz geschlossen.

Das dritte und vierte Schuljahr hatte er dann eine männliche Lehrperson. Er verlor mit der Zeit seine Scheu vor Männern und hatte seinen Lehrer auch sehr gern.

Der Lehrer sagte dann zu mir, ich soll den Franz unbedingt in die Hauptschule geben, weil er sehr leicht lernte. Es war damals noch sehr schwer, ein Kind in die Hauptschule zu schicken. Es gab noch keine Schülerbusse. Aber ich hatte doch auch wieder Glück und konnte Franzei bei meiner früheren Chefin auf dem Wenghof in Radstadt in Kost und Quartier geben. Es war das derselbe Hof, auf dem ich Sennerin gewesen war. Wenn er dann ab und zu am Wochenende mit dem Postauto heimkam, mußte ich oft bei meiner Nachbarin das Fahrtgeld ausleihen, da ich selbst keines hatte und mein Mann mir keines gab.

Nach der Hauptschule wollte sein Fachlehrer, der Herr Thaler, daß der Franz nach Salzburg zum Studieren kommt. Er machte die Matura und wollte dann nicht mehr weiterstudieren. Das alles paßte ihm nicht mehr, und er wollte jetzt endlich ein selbständiger Mensch sein. Er machte dann die Ausbildung zum staatlichen Schilehrer. Das ist er seitdem mit Begeisterung.

Nun kam das zweite Kind, Hans, geboren am 15. Juli 1947, zur Schule. Für ihn war es leichter, weil er vom Franz schon vieles sehen und lernen konnte. In einigen Fächern tat er sich etwas schwer, weil er in allem etwas später dran war. Er machte nach dem Militär die staatliche Berufsjägerprüfung.

Josef, der dritte, geboren am 25. März 1949, war ein sehr aufgewecktes Kind, anderen in vielen Dingen weit voraus. Leider konnten wir uns die weiteren Schulen für ihn nicht mehr leisten. Mein Mann wollte auch gar nicht. So kam er nach der Volksschule nach Salzburg in die Tischlerlehre. Danach war er einige Jahre in Deutschland in Arbeit und machte in Rosenheim das Holztechnikerstudium. Dann war er bei der Möbelfirma Zwilling in Voglau angestellt und machte noch den Tischlermeister. Danach begann seine Krankheit, und er starb mit dreiunddreißig Jahren.

Barbara Passrugger, das vierte Kind, aber das erste von den Mädchen, wurde am 20. April 1952 geboren. Sie kam 1958 zur Schule. Sie war ein außergewöhnlich ruhiges Kind. Auch in der Schule. Die Lehrpersonen vermuteten, sie arbeite nicht mit, und mußten nachher oft feststellen, daß sie die beste Arbeit gemacht hatte. Nur mit ihrer Handarbeitslehrerin hatte ich einmal große Schwierigkeiten. Barbara machte immer alles, so auch die Handarbeiten, schön und ordentlich. In der Schnelligkeit blieb sie hinter den anderen Kindern etwas zurück, und so schickte sie die Handarbeitslehrerin gleich für zwei Stunden in die obere Klasse zu den älteren Schülerinnen. Vor denen hatte Barbara Angst und weinte, als sie heimkam. Einmal hatte sie eine Strickerei in Arbeit, und ich sagte ihr, sie soll daheim etwas vorbereiten, damit die Lehrerin zufrieden ist. Barbara strickte und strickte. Sie machte eine wirklich schöne Arbeit, doch erst im zweiten Schuljahr. Sie freute sich, nun würde die Lehrerin zufrieden sein und sie nicht mehr in die obere Klasse schicken. Dann kam die Handarbeitsstunde. Die Lehrerin schaute die Arbeit gleich an, und was tat sie? Sie sagte: „Das hat die Mama gestrickt." Dann riß sie alles wieder auf. Dabei war nicht eine Masche von mir. Als Barbara heimkam und mir alles erzählte, fing es an, in mir so richtig aufzuwallen. Ich ging sofort zur Lehrerin hinunter und sagte ihr, was ich von ihr halte und was sie ist. Sie brauste auf, aber das legte sich bald, als ich sagte: „Ich gehe zur obersten Schulbehörde und lasse Barbara stricken, damit sie sich überzeugen können von der schönen Arbeit, die sie macht." Darauf wurde sie sehr zuvorkommend und sehr nett. Sie sagte, sie werde schon darauf achten, daß sie die Barbara nicht mehr ungerecht behandelt.

Weiter ging es dann ohne Schwierigkeiten. Sie war auch nicht mehr lange Handarbeitslehrerin, und die darauffolgende lobte Barbara sehr. Auch in allen anderen Fächern war Barbara eine gute, fleißige Schülerin. Nach dem neunten Schuljahr kam sie nach Salzburg in eine Bürolehre und ist eine tüchtige Sekretärin geworden.

Das zweite Mädchen, Maria, geboren am 15. November 1953, war auch eine gute Schülerin. Besonders Handarbeiten machte sie sehr schöne. Gleich nach der Volksschule kam sie in die Annahofschule nach Salzburg. Sie hatte mehr Freude an Haus und Handarbeit als an Vieh und Landwirtschaft. Sie heiratete bald nach der Schule, hat jetzt drei Kinder und ist Hausfrau.

Stefanie, das dritte Mädchen, wurde am 2. August 1955 geboren. Mit der Schule hatte sie es wohl am leichtesten. Sie lernte schon allerhand von den Geschwistern. Zu Schulbeginn konnte sie schon viel schreiben und rechnen und strickte schon Socken und Fäustlinge für ihre Brüder. Sie kam nach der Volksschule in eine Bürolehre nach Salzburg. Nach der Lehre bekam sie von ihrem Freund zwei Kinder, und jetzt lebt sie auf einer kleineren Landwirtschaft, welche mein Mann gekauft hat, und ist begeisterte Bäuerin und Hausfrau.

Gottlob sind sie alle rechtschaffene Menschen geworden mit einem erlernten Beruf.

„Es war dauernd etwas zu tun für die Kinder"

Sechs Kinder habe ich gehabt. Bei sechs Kindern ist ein jedes verschieden. Eines ist ruhiger, eines lebhafter, eines kapiert schneller, das andere wieder ein bisserl später. Auch die Erziehung ist entweder leichter oder schwerer. Bei meinen Kindern war es bei keinem richtig schwer, zu erziehen.

Oft freute es sie – besonders die Buben – nicht so sehr, wenn sie nach der Schule heimkamen und sich gleich umziehen mußten zum Arbeiten. Da kamen sie oft erst später heim und fürchteten dann aber wieder die Strafe vom Vater.

Die Arbeit fiel ihnen nicht leicht. Sie hatten es ja auch weit in die Schule. Nach der Schule mußten die Buben einkaufen. Am liebsten holten sie die Kühe von oben am Berg. Dann kehrten sie bei der Sennerin, der Ahornegg-Mutter, gern ein, weil die ihnen immer Brot mit Butter und Käs zusteckte. Da haben sie soviel gegessen, daß es schon zum Genieren war. Aber das vergessen die Buben der Ahornegg-Mutter nie.

Im Winter, wenn es richtig tiefen Schnee hatte, gingen die Kinder oft einmal nicht in die Schule. Oder es schneite und stürmte nach der Schule so richtig stark, aber da kam ihnen dann meistens der Nachbar entgegen, dessen Kinder auch in die Schule gingen. Der machte das gern. Dann hatten sie einen erwachsenen Menschen zum Vorausgehen, und das tat oft einmal not.

Schulpflichtige Kinder, besonders Knaben, wurden in der Landwirtschaft oft zu schwerer Arbeit hergenommen. So war es auch bei einem Schüler, der mit zwölf, dreizehn Jahren schon die Melkarbeit verrichten mußte. Die Knochen von seinen Händen waren noch zu weich, und er bekam ganz schief gewachsene Hände. Er wurde dann Knecht bei einem anderen Bauern, aber er tat sich bei vielen Arbeiten wegen seiner verwachsenen Hände schwer.

Viele Leute aus der früheren, sogenannten „guten alten Zeit" sind durch die viel zu schweren Arbeiten und das spärliche Essen in der Kindheit und Jugendzeit im Wachstum zurückgeblieben. Es war alles Handarbeit. Viel mußte auf dem Buckel getragen werden, besonders auf den steilen Hängen oder bei gefährlichen Holzarbeiten. Auch wurden Kinder noch im Schulalter schon vor und nach der Schule zum Viehhüten hergenommen. Durch bösartige Tiere waren sie dann oft großer Gefahr ausgesetzt, wie es auch bei unseren Kindern der Fall war.

Wenn unsere Buben von meinem Mann zu den Weidegründen mit Salz auf die Alm geschickt wurden, hatte ich große Sorge. Denn da kamen oft mehrere Stück Vieh angerannt, und so kleine Knirpse sind dann in Gefahr, unter die Füße zu kommen. Auch die Sennerin auf unserer Nachbaralm kam durch einen Jungstier in Gefahr, aber sie konnte sich noch retten, da gerade ein großer Steinblock in der Nähe war, auf den sie ganz schnell hinaufklettern konnte, bis der Stier brummend abgezogen war. Auch Schafe können auf der Weide gefährlich werden, wenn ihnen Salz angeboten wird. Sie kommen dann alle her, eines drängt das andere, und man kann von ihnen zu Boden getreten werden. Es gab bei solchen Situationen auch schon Todesfälle, nicht nur bei Kindern, sondern auch bei Erwachsenen.

Durch die Arbeit unserer Kinder war ich sehr entlastet. Als sie dann schon größer waren, mußten sie viel mithelfen. Auch wenn ich mir oft Sorgen machte, konnten wir auf sie nicht verzichten. Und wie schon zu meiner Schulzeit, so galt dann auch für sie: „Auf die Ferien freute ich mich nie!"

Da mußten sie schon in der Früh bei der Heuarbeit mitarbeiten. Es war dauernd etwas für die Kinder zu tun. Entweder waren die Kühe auf die Weide hinaufzutreiben oder sonst irgendeine Hilfsarbeit zu machen.

Mein Mann hat den Buben einmal im Herbst angeschafft, die Schafe zu hüten. Die Schafe durften nämlich nicht auf das Ackerland, wo Herbstkorn ausgesät war. Das Herbstkorn war schon schön hoch. Und auf das hatten es die Schafe abgesehen und drängten dorthin. Die Buben haben die Verpflichtung bekommen aufzupassen, daß die Schafe nicht zum Herbstkorn kommen. Es war ein Sonntag, und mein Mann ging in die Kirche. Die Kinder waren hinter dem Haus bei den Schafen. Dann kamen die Nachbarkinder herauf, die gleich alt mit den unseren waren. Jetzt sind sie in den Jungwald hineingegangen und haben Verstecken gespielt und was Kinder sonst noch so tun. Und die Schafe haben sie Schafe sein lassen. Wie mein Mann heimgekommen ist, hat er gesehen, daß die Schafe auf dem Kornfeld sind. Von den Buben war keiner zu sehen, weil die im Wald drin waren. Als die Buben bemerkten, daß die Schafe auf dem Kornfleck waren und der Vater schon zu Hause – die haben sich gefürchtet! Und sie trauten sich nicht zum Mittagessen heim, aber er hat sie dann auch noch nachher ordentlich gestraft. So sind halt die Kinder. Die spielen unbeschwert und denken nicht, was dann hinterdrein kommt.

Im Winter hatten die Kinder viel mehr Freiheit. Da gab es keine Arbeit für die Kinder. Sie mußten zwar vom Oberberg in die Schule hinuntergehen, aber Freizeit hatten sie mehr. Da sind sie dann mit den Nachbarkindern Schi gefahren. Aber oft war es auch so, daß ihnen der Vater das Schifahren verboten hat, weil er für die Kinder eine Arbeit hatte.

Mitunter spielten sie auch „Räuber und Gendarm", oder sie zündeten Wespennester an und liefen dann davon. Das war so ein Lieblingsspiel von ihnen, mit einem Stecken in einem Nest zu stochern und dann vor den Wespen davonzulaufen. Das machten sie während oder nach der Arbeit.

Im Sommer hatten sie aber nicht so viel Zeit zum Spielen. Da war der Winter mit dem Schifahren schon besser. Dauerarbeit konnten sie nicht leisten, aber wenn es zum Heumachen war, da sind sie den ganzen Tag drangekommen. Mein Mann trachtete auch, daß die schwereren Arbeiten erledigt waren, bis daß die Schule wieder angefangen hat. Dann haben sie es wieder leichter gehabt.

„Wir haben uns riesig gefreut, die Kinder und ich"

Wir kamen mit den Kindern nie irgendwo hin. Nur ein einziges Mal, da willigte mein Mann ein, daß wir alle miteinander einmal um den Rettenstein gehen. Es war herrliches Wetter, es war aber auch schon Herbst. Wir haben uns riesig gefreut, die Kinder und ich. Die Tiere waren auf der Wiese, und die Arbeit drängte nicht so. Die Buben waren voll von Ehrgeiz, Ambition und Begeisterung. Es war aber der Tag, an dem die Schulkinder zur Kommunion gehen mußten. Da haben wir halt gesagt, sie sollen zur Frühmesse hinuntergehen, die war schon um sieben, und sie sollen dann gleich heimkommen, daß wir gehen können. Für uns alle war das ganze ein Ereignis, die Kleine war erst fünfeinhalb und ist auch schon ganz brav mitgegangen.

Jetzt sind die Buben hinunter zur Messe und sind vorgegangen zum Speisgitter. Als der Pfarrer mit der Kommunion zu den Kindern kam – es waren auch Erwachsene da –, sagte er: „Kinderkommunion ist am Vormittag beim Hochamt." Und ist vorbeigegangen. Jetzt haben die zwei die Kommunion nicht bekommen.

Und seitdem ist es beim Hans ganz aus, was die Kirche betrifft, und beim Sepp war es auch nicht viel besser. Sie haben nicht gewußt, ob sie warten oder überhaupt gleich heimgehen sollen. Sie sind dann unten geblieben, und wir haben uns gedacht: „Was machen denn die Lauser? Wir müssen ja schon gehen! Wir können die Tour gar nicht machen, wenn es so spät wird." Seitdem sind die zwei auf die Kirche ganz beleidigt. So furchtbar waren sie enttäuscht. Wir haben aber dann doch gewartet, weil wir gewußt haben, da ist etwas los. Nie im Leben hätte ich gedacht, daß die Kinder nicht abgespeist werden.

Als wir von der Tour heimkamen, war es schon fast dunkel, und es war so schön! Das war einmal, daß ich sagen kann: Das war ein richtiger Familienausflug. Oben jausneten wir, und die Kinder waren so voll Lust, daß sie das alles mitmachen durften. Sonst kam es ja nie vor, daß mein Mann mit uns irgendwo hingegangen ist, und ich kann mich nicht an so etwas Ähnliches erinnern. Das war das einzige Mal, daß wir so etwas machten.

Das vergessen auch die Kinder nicht mehr – den Ausflug und das, was sie in der Kirche erlebten. Kinder vergessen solche Enttäuschungen nie. Der Pfarrer hätte sich halt etwas denken müssen, warum die Buben schon zur Frühmesse gehen. Fragen hätten sich die Buben nie getraut. Zu der Zeit war es eigentlich den Kindern noch in Fleisch und Blut, daß es nichts gegeben hat, wenn die Eltern etwas gesagt haben. Da hat es auch kein weiteres Fragen mehr gegeben. Gar nichts. Und meine Kinder haben genau gewußt – wenn ihnen etwas gesagt wird, daß sie das auch tun müssen.

39

Dieses Erlebnis mit der Kommunion hat ihr Verhältnis zum Kirchengehen und zur Kirche überhaupt recht getrübt.

„Ich halte viel vom Herrgott . . ."

An diesem Tag ging mein Mann nicht in die Kirche, sonst schon. Ich hätte die Zeit zum Kirchengehen am Vormittag nicht gehabt. Ich hatte ja die Stallarbeit und die Kinder. Und für Sonntag Mittag mußte ich dann auch schon wieder kochen. Das wäre nur sehr schwer gegangen. Das war halt einfach so, wir haben auch kein Wort darüber verloren. Daß er gesagt hätte, er bleibt daheim, und ich kann in die Kirche gehen, das gab es nicht. Mir war das auch nicht so wichtig. Ich wußte ja, daß es nicht geht. Ich dachte mir halt, die Arbeit daheim ist genauso gut, weil es einfach nicht möglich ist, daß ich in die Kirche gehe. Man kann nicht daheim alles liegen und stehen lassen, und ich habe mich auch nicht danach gesehnt. Auch zu den Feiertagen ging ich nie hin.

Die Dirndln richtete ich zu den Feiertagen immer schön her, und dann sind sie in die Kirche und freuten sich schon so richtig, weil sie wußten, sie gehen nachher noch zum Wirt, und da bekommen sie eine Würstlsuppe. Meistens spielte auch die Musik, und das gefiel ihnen auch sehr gut.

Zur Fronleichnamsprozession ging ich auch mit. Aber auch später, als ich die Zeit gehabt hätte, ging ich nicht mehr in die Kirche, weil ich dazu eine andere Einstellung bekommen hatte. Ich gehe viel lieber allein in die Kirche, da kann ich andächtig sein und niemand stört mich dabei. Oder ich gehe in den Wald hinaus, da gehe ich viel lieber hin, und das gibt mir viel mehr, als das, was in der Kirche geschieht. An Gott glaube ich schon, weil es ein höheres Wesen für mich gibt. Den Leuten kommt es zwar ein bisserl komisch vor, aber es ist mir keiner bös deswegen.

Zwischen den beiden Weltkriegen veränderte sich, was die Religion betrifft, in Filzmoos nur wenig. Es wurden die gleichen Feste gefeiert, und auch in den Häusern blieb alles beim alten. Auch die Stundengebete blieben so wie früher. Die wurden danach eingeteilt, wer näher und wer weiter weg von der Kirche wohnte. Die, die weiter weg wohnten, wurden gleich nach dem Gottesdienst eingeteilt, die Näheren kamen am Nachmittag herüber.

Am Ostersonntag standen wir ganz früh auf und kamen vor der Kirche zusammen. Je nach Witterung waren es so etwa zwanzig Leute. Die gingen den Kalvarienberg hinauf und beteten bei jeder Station einen Rosenkranz. Einer trug eine Kerze, das Osterlicht. Das konnte auch ein Dirndl tragen. Und da glaubte man: Wenn die Kerze von unten bis hinauf den Kalvarienberg nicht ausgeblasen wurde, dann war das ein gutes Zeichen für das ganze Jahr, für die Ernte und für das Wetter. Wenn die Kerze ausgelöscht wurde, dann war's ein schlimmes Zeichen. Aber dieser Brauch ist bald nach dem Krieg ganz abgekommen.

Früher ging ich öfters in die Kirche, als ich noch auf dem Wenghof in Radstadt als Sennerin arbeitete. Meine Chefin sagte, ich könne ruhig gehen, wenn ich will, sie geht nicht, weil sie ist gottgläubig. Ich

41

ging aber noch immer gern in die Kirche. Dann waren aber doch einige Fälle, die mich so richtig geschockt haben. Ich bin da vielleicht ein wenig empfindlich.

Als meine Chefin vom Wenghof gestorben ist, die mir soviel geholfen hat, als ich aufs Haidegg gekommen bin – sie hat mir auch den Christbaumschmuck für die ersten Weihnachten gegeben, sie war immer so eine richtig gute Frau –, wurde ich benachrichtigt. Für mich war es selbstverständlich, daß ich hingehe, weil sie immer so gut war zu mir. Das war aber kein kirchliches Begräbnis. Sie wurde am hinteren Teil des Friedhofs begraben. Als das Begräbnis vorbei war und ich beim Friedhof hinausgegangen bin, da ist mir ein Pater begegnet, den ich von früher her gut kannte. Und der sagte zu mir: „Du wirst doch nicht bei dem ungläubigen Begräbnis gewesen sein?" Ich antwortete: „Ja, da bin ich gewesen." Darauf sagte er, daß ich mich deshalb schämen kann.

Das war mir genug. Das machte mir so richtig ein Entsetzen. Der sagt, ich soll mich schämen, weil ich zum Begräbnis von der Frau gegangen bin, die immer so gut zu mir gewesen ist! Das gab mir einen Ruck, das hab ich nicht vertragen. Für mich war sie einfach ein guter Mensch. Solche Sachen waren mir ein Anstoß, daß ich viel über Religion und Kirche nachdachte.

Auch daß die vom Kloster zu Peter und Paul bei den Bauern gesammelt haben, hat mich gestört. Die gingen von Bauer zu Bauer und sammelten, was sie kriegen konnten. Da hat der Vater gesagt: „Richtets Butter her!" Sie sammelten auch Eier. Es gab auch eine gewisse Abgabe an Getreide, die man leisten mußte. Die gingen noch sammeln, als wir schon am Haidegg waren. Da war es aber so, daß wir wirklich nichts hatten. Das Korn wurde nicht immer so schön, und da sagte ich einmal, wir hätten nichts, außer einem Sackl Hafer. Da haben sie gesagt, daß es halt einmal Hafer auch tun muß. Wir haben dann den Teil, den wir zu liefern hatten, an Hafer geliefert. Das war ja ganz verkehrt: Die eine Frau unterstützte mich, als ich nichts hatte, die aber berücksichtigten das nicht, daß wir in Not waren.

Und immer wieder waren solche Fälle, mit denen ich nicht mehr zurechtgekommen bin. Aber das sind Erlebnisse, die muß man selber haben. Wäre mir das nicht untergekommen, dann hätte ich nicht viel nachgedacht. Aber durch das Selbsterlebte fängt man an zu denken. Ich bin auch deshalb, ganz ehrlich gesagt, von vielem abgekommen. Ich gehe oft meinen Bruder auf dem Friedhof besuchen, da gehe ich auch in die Kirche hinein. Da gehe ich aber am Nachmittag, da bin ich ganz allein, und das ist mir das Liebste. Das ist nicht, weil ich etwas verachte. Ich verachte nur, daß sie selber nicht machen, was sie predigen. Ich halte viel vom Herrgott, und ich kann beten und andächtig sein. Eine Blume in der Natur schaue ich aber als viel schöner an als einen Kelch, einen vergoldeten.

Haus und Hof

„Auf den Betten lag der Schnee"

Nachdem wir uns mit der Zeit etwas aufgerappelt hatten, versetzte uns in der Nacht vom 15. auf den 16. Jänner 1949 ein schrecklicher Orkansturm wieder zurück. Er trug das ganze Dach vom unteren Teil des Wirtschaftsgebäudes und ein Drittel des Hausdachs mit allem Drum und Dran fünfzig Meter weit in eine Mulde oberhalb des Hauses hinauf.

Die Tenne, wo das Heu und das Getreide drinnen war, war wie ausgefegt. Das wenige übergebliebene Heu war total mit Schnee vermischt. Den Heustock hatte der Orkan auch zur Hälfte mitgenommen. Es stürmte noch drei Tage und drei Nächte lang ununterbrochen weiter. Es sah überall, ob im Haus oder im Stall, ganz erbärmlich aus. Auf den Betten lag der Schnee, in den Schlafkammern bis zu einem Meter hoch.

Für einige der schlimmsten Tage nahm mich meine Ziehschwester Maria auf. Mit großer Mühe konnte ich zu ihr hingebracht werden. Auch die zwei Kinder konnte ich mitnehmen. Ich war im siebenten Monat schwanger. Am darauffolgenden 25. März 1949 kam das dritte Büblein zur Welt. Bei etwas Wetterbesserung ging ich dann von Bauer zu Bauer und bat um Viehfutter, denn wir hatten fast nichts mehr. Zu meiner Freude nahmen uns Verwandte einige Stück Vieh ab. Es gab damals kein Heu zu kaufen, wir hätten auch kein Geld gehabt. Aber Dach mußte doch schleunigst wieder auf das Haus und auf das Wirtschaftsgebäude. Der Sturm hatte schon haufenweise Schnee hineingeweht.

Nun mußte ich wieder Bittgänge machen, um Dachschindeln zu bekommen. Ich wußte schon, wo Leute Dachschindeln lagern hatten. Da fragte ich zuerst. Aber es war vergebens. Ganz unbarmherzig sagten sie, sie geben nichts her. Nun war mein nächster Weg zum Forstamt. Im Winter machten die Forstarbeiter Dachschindeln. Ja, sagte der Förster, das Dach könnten wir wohl haben, aber zuerst müßten wir Geld auf den Tisch legen. Wo aber das Geld hernehmen? Zur Bank wollten wir nicht, weil wir das Zinszahlen fürchteten. Also wieder zu Vaters bestem Freund, dem wohlhabenden Viertalbauern in Neuberg. „Ja", sagte der, „ich gebe dir die Hälfte von den Kosten, wenn dir dein Bruder, der Rettenegger, die andere Hälfte gibt." Nun ging ich zu meinem Bruder und bat ihn um das Geld. Aber er sagte mir, er hätte selber keines. Ich war total verzagt, ein Dach mußte auf die Gebäude, denn mitten im Winter können bei uns auf dem Berg immer orkanartige Stürme kommen.

Was nun tun? Ich schickte flehentliche Gebete zum Himmel, und wieder kam Hilfe. Ich dachte an die Prominenten in Mandling, welche jedes Jahr vor dem Zweiten Weltkrieg am Faschingsmontag zum Eisstockschießen nach Filzmoos kamen, wobei es jedesmal so lustig zuging. Es waren Herr Gehringer, Gastwirt und Holzkaufmann, Herr Steiner von der Lodenfabrik, Herr Kogler, Gastwirt und Sägebesitzer, und auch noch andere lustige Leute. Auch viele gute Sänger waren dabei. Nun ging ich zu Herrn Kogler hin. Ich spüre noch heute die Freude und die Erleichterung: Er gab mir gleich die Hälfte der benötigten Summe mit. Auch vom Viertalbauern bekam ich das Geld sofort. Wir konnten das Dach bezahlen. Zu beider Ehre muß ich sagen – ohne einen Schuldschein zu unterschreiben. Wir trachteten natürlich, alles so bald wie möglich zurückzuzahlen.

Mühsam brachten wir mit der Seilwinde des Nachbarn die Schindeln und die Balken zum Haus herauf. Es war für alle schwerste Arbeit. Überall ein Haufen von Schnee und um fünfundzwanzig bis dreißig Grad Kälte! Beim Dachdecken halfen uns alle Nachbarn. In vierzehn Tagen war die Arbeit beendet. Für uns war das eine große Erleichterung.

„Wir nahmen . . . das schwere Los auf uns,
das Haus neu zu bauen"

Aber auch das Haus war sehr baufällig. Bei solchen Witterungsverhältnissen wie im vergangenen Winter wäre es möglich gewesen, daß es auf der Wetterseite zusammenbricht. Nun mußten wir ans Hausbauen denken. Das Haus hatte keine Grundmauern, es stand auf dem Erdboden.

Aber zuerst mußte noch die Güterseilbahn zu uns auf den Oberberg gebaut werden. Daran waren auch alle Nachbarn interessiert. Es ging auch dann ganz gut vonstatten. Die Nachbarn hatten alle junge Nachkommen und konnten viel an Eigenleistung erbringen, bei uns aber waren nur mein Mann und ich und die damals noch kleinen Kinder. Mein Mann kam nur schwer dazu, Schichten zu leisten, daher hatten wir viel zu zahlen.

Auch ein Güterweg mußte zur Bergstation der Seilbahn gemacht werden. Da war es wieder dasselbe. Zu dieser Zeit, wir schrieben 1949, mußte noch alles händisch gemacht werden. Es gab bei den Bergbauern noch keine einzige Maschine. Die Seilbahn war fertig gebaut, aber der Güterweg noch nicht. Vom Nachbarn Ellbrunn wurde es uns dann schwer gemacht, weil wir noch nicht das Recht hatten, über seinen Grund zu unserem Haus zu kommen, aber doch schon Material zum Hausbau herrichten wollten.

Die Seilbahn war dazumal eine große Hilfe. Alles Baumaterial außer dem Holz mußte vom Tal auf den Berg heraufgebracht werden. Es wäre schon eine arge Schinderei auch für Pferde und Zugochsen gewesen, auf dem sehr schlechten Karrenweg das Baumaterial heraufzubringen. Das wird auch den einstigen Erbauern nicht möglich gewesen sein, daher stand eben das alte Haus auf dem Erdboden. Wir mußten nun den Hausneubau in Angriff nehmen. Zuerst ging das Ansuchen an die Landesregierung um die Wandersäge, die wir ohne Schwierigkeiten bewilligt bekamen. Auch hatten wir einen guten Sägemeister, den Rupert Maier, und vom Nachbarn Leopichl einen jungen, ganz tüchtigen Gehilfen, den Irgei.

Im Herbst 1950 wurde die Säge nahe unserer Alm aufgestellt. Das Bauholz hatten wir auf unserer Alm geschlägert, zur passenden Länge hergerichtet und zur Säge geschleift. Wenn es mir ab und zu nicht möglich war, bei dieser Arbeit meinem Mann zu helfen, mußte mich der kleine Sechsjährige vertreten, auch sonntags und bei jeder Witterung. Im Herbst war es oft regnerisch und sehr kalt. Da gab es bei meinem Mann kein Mitleid. Durch die fleißigen Sägearbeiter wurde noch im Herbst alles Bauholz geschnitten, und wir konnten es im darauffolgenden Winter 1950/51 zum alten Haus bringen. Das war sehr harte Arbeit.

Im Winter mußte man für eine Wegstrecke eine Stunde rechnen. Es war auch schwer, den Schneeweg zu erhalten. Kam ein Wetterumschwung – oft mit Schneesturm, der einige Tage anhielt –, dann mußte mit dem Wegherrichten wieder von vorn begonnen werden. Als Zugtiere hatten wir zwei Ochsen, einen älteren und einen jungen, sowie eine Kuh. Den alten Ochsen übernahm in der schulfreien Zeit der Sechsjährige, den jüngeren mein Mann und ich die Kuh. Auch die zwei Buben, dreieinhalb und eineinhalb Jahre alt, wollten nicht allein daheim bleiben und kamen hinterher. Den jüngsten haben wir in den Schneelöchern, die die Zugtiere getreten haben, oft nicht mehr gesehen. Mit unglaublicher Ausdauer und Geduld hat er sich nachgerappelt. Mit dieser Schwerstarbeit ging der Winter vorüber, und das Bauholz war, Gott sei Dank, bei der Baustelle.

Jetzt mußte mit dem Neubau angefangen werden. Es war Mitte Mai 1951. Zuerst mußten wir das alte Haus ausräumen und dann abreißen. Die Wetterseite im Nordwesten konnten die Männer mit den Füßen eindrücken, so morsch war sie. Nun war das alte Haus weg. Wir mußten mit den Bauleuten und zwei Hilfsarbeitern in der Tenne schlafen, und als Küche wurde der Schafstall so gut wie möglich hergerichtet.

Zum Fundamentausgraben – das mußte händisch gemacht werden –, hatten wir zwei Hilfsarbeiter aus Polen, die noch vom Krieg zurückgeblieben waren. Sie haben bei den Grabarbeiten mit wenig Lohn viel mitgeholfen. Es war alles Handarbeit. Ich bin den Männern heute noch sehr dankbar. Einige Male vorher kam der Baumeister und zeigte uns den Bauplan. Es war der Baumeister Bliem aus Altenmarkt. Ein sehr guter Baumeister. Unvergeßlich bleibt mir auch der Herr Inspektor Schinnerl. Er besuchte uns immer zwei- bis dreimal in der Woche. Er kannte unsere Lage natürlich bestens. Ich zeigte ihm den Kostenvoranschlag unseres Hauses. Es waren 188.800,80 Schilling. Er war ganz entsetzt und fragte, ob wir überhaupt wüßten, was wir tun. Er sagte, daß wir uns in Schulden stürzen würden, wir sollten das Gütl lieber gleich verkaufen und uns im Dorf unten umschauen, um unterzukommen, und mein Mann solle zur Säge arbeiten gehen. Ich war wieder ganz verzagt und wußte nicht, wie es weitergehen soll.

Wir nahmen dann das zur damaligen Zeit sehr schwere Los auf uns, das Haus neu zu bauen. Wir wollten Bauern bleiben. Wir hatten so viel Freude am Bauersein, trotz der vielen Arbeit. Mein Mann wollte Bauer sein, weil er lange genug Knecht gewesen war. Das Geld für das Haus zu bekommen, war auch ganz schwer. Wir konnten aber Holz verkaufen. Aber auch die Landesregierung hat uns sehr geholfen. Die Schichten, die mein Mann beim Hausbau geleistet hat, konnte er aufschreiben, und sie wurden zu einem gewissen Teil auch abgegolten.

Auch billigen Kredit bekamen wir. Der Baumeister war ein sehr gütiger Mensch und hat uns nicht so zum Zahlen gedrängt. Im Juni 1951 kamen zwei Zimmerleute aus Altenmarkt, der Kuchlberg-Sepp, mein Bruder Franz und der Leopichl-Irgei waren die Zimmerleute beim Hausbau.

Ich war bei der jetzt noch vermehrt anfallenden Arbeit immer allein. Die Bauleute waren zu verköstigen, die Kühe mußten von der entfernt gelegenen Weide geholt und gemolken, die Kinder und der Garten versorgt werden. Auch das Einkaufen im Dort unten mußte ich besorgen. Mein Mann hatte alle möglichen Anordnungen von den Zimmerleuten zu erledigen.

Bei den Feldarbeiten mußten der älteste von den Kindern und auch ich viel mithelfen. Wir konnten das Schlagen und das Aufarbeiten des Servitutholzes in diesem Jahr nicht mehr bewältigen. Erst nach der urkundlich bestimmten Abmaßzeit hat uns der damalige Förster verständigt, daß unser Bezug verfallen war. Es nützte auch keine Einreichung mehr, um uns die Zeit zu verlängern. Von diesem Jahr war unser Holzbezug weg.

Dadurch, daß mein Mann vorher kein Bauer, sondern Knecht war und auch ich mich mit solchen Dingen vorher nicht befaßt hatte, hatten wir darüber nur wenig Wissen.

Außer den Hauptzimmerleuten haben uns auch Nachbarn und andere geholfen. Das war vor allem beim Dachstuhlabbinden oder beim Transport des Baumaterials von der Güterseilbahn mit den Pferden oder dem Ochsengespann eine große Hilfe. Wir waren glücklich über die Helfer vom Oberhof, vom Mooslehen, Schwaig, Bögrein und Rettenegg, die uns unentgeltlich Fuhrwerkschichten leisteten; auch vom Ahornegg, Weitenhaus, Hallmoos, Kainhof,

Habersatt-Hans von Schwemberg und Steinegg-Hias aus Kleinarl machten uns Hilfsarbeiterschichten. Es war immer schwer, Helfer zu bekommen.

Einmal entmutigte mich meine Nachbarin sehr. Wir begegneten uns am Weg ins Dorf. Ich ging hinunter, sie heim. „Wo gehst du heute noch hin?" fragte sie mich. Ich sagte, daß ich bitten gehe um Arbeiter, damit wir beim Hausbau weiterkommen. „Ah", sagte sie, „da ist es gescheiter, du bleibst daheim. Die Leute wollen euch nicht mehr helfen, weil sie sagen: ,Sie ist aus Filzmoos außig'laufen, und geheiratet hat sie auch einen Auswärtigen.'" Das bekam ich schon immer arg zu spüren, das wurde mir von den anderen auch oft genug vorgehalten.

Die Arbeiter, die bei uns halfen, sind uns oft von den Bauern geliehen worden. Da ging ich von Hof zu Hof fragen, ob sie jemanden entbehren können, der uns beim Hausbau hilft. Zu der Zeit, als wir das Haus bauten, war es sehr schwierig, weil nach dem Krieg überall zu wenig Arbeitskräfte waren. Aber wenn ein Bauer einen Knecht gerade nicht brauchte, dann schickte er ihn doch zu uns herauf. Oft sagte dann auch der Bauer, daß es nichts kostet, oder der Knecht hat nur ganz wenig für die Arbeit verlangt. Die Arbeiter und die Zimmerleute wurden alle verköstigt. Einige kamen im Sommer ganz früh am Morgen, dann erhielten sie vor dem Arbeiten ein Frühstück und eine Jause am Vormittag. Getränke zu kaufen gab es zu dieser Zeit auch noch überhaupt nicht, so daß einer eine Flasche Bier getrunken hätte. Es wurde Milch, Malzkaffee oder Wasser getrunken.

Zur Mittagszeit kochte ich viel Bauernkost, mit Krapfen, sehr wenig Fleisch, Nudeln, Mehlspeisen und Kasnocken. Das haben auch die Zimmerleute gegessen. Nachmittags, so gegen halb vier, gab es dann wieder eine Jause, das war meistens wieder Milch, Brot und Butter. Am Abend war das Abendessen mit Knödeln, Suppe, nicht mehr so fetter Kost mit Schmalz, dafür wieder Brot und Butter und Milch dazu. Wenn einer von weither gekommen ist, aus Reitsteg oder Neuberg, dann blieb er über Nacht da. Der Steinegg-Hias aus Kleinarl ist auch bei uns geblieben. Der war der Sohn des Bruders meines Mannes. Der verdiente bei uns auch nicht viel, weil der Bruder sich auf diese Weise meinem Mann behilflich zeigen wollte. Wenn welche heimgegangen sind, dann haben sie noch ein Schnapserl bekommen oder ein bisserl eine Mehlspeise dazu, wenn sie einen weiten Weg gehabt haben.

Aber es ist doch immer wieder gegangen, daß wir wen gekriegt haben. An dem Tag, an dem ich der Nachbarin begegnete und so verzagt war, hatte ich Glück und bekam Leute als Helfer versprochen. Die Knechte halfen nicht ungern, auch wenn sie vom Bauern geschickt wurden. Die hatten einmal was anderes zu tun, hatten mit den Zimmerleuten Spaß während der Arbeit, und es ging recht lustig zu. Ich könnte keinem Menschen erzählen, daß einmal einer gesagt hätte: „Nein, da geh ich nicht hin!" Mitunter ist es dann auch gewesen, daß wir bei einem anderen Bauern ausgeholfen haben.

Im Herbst 1950 brannte der Löckenwaldhof nahe bei uns ab, und da gab es eine Gemeinschaftshilfe in der Gemeinde. Wenn ein Hof abbrannte, war es Vorschrift, dort zu helfen. Vom Obmann dieses Vereins wurde dann vorgeschrieben, wie viele Schichten einer zu machen hatte. Jeder wurde nach seinem Gut eingeteilt, zum Schichtenleisten und zu den Materiallieferungen. Auch vom Staat bekam man Holz zugesprochen, wenn der Hof abgebrannt war. Da mußte mein Mann auch Schichten ableisten.

Beim Nachbarn war es genau dasselbe. Sein Haus brannte auch ab, und wir mußten bei ihm Schichten machen. Bei uns war das anders, weil es bei uns ja nicht gebrannt hat.

Im Sommer des Jahres, in dem wir bauten, kam ein Vertreter der Firma Lohnberger aus Mattighofen in Oberösterreich. Er machte ein Angebot mit Küchenherden. Der Vertreter brachte es soweit, daß wir, wenn auch nach langem Zögern, doch einen Herd bestellten. Einen Herd für die Küche im neuen Haus brauchten wir notwendig. Bald wurde der Herd zur Güterseilbahn unten im Tal geliefert. Er wurde dann von der Seilbahnhütte zu uns heraufgebracht und gleich zum Haus geführt, alles mit Hilfe starker Männer. Er stand dann in der Tenne. Das Haus war noch lange nicht fertig. Ich spüre heute noch die Freude, die mir der Herd brachte. Am liebsten hätte ich in der Nacht bei ihm geschlafen.

Im Herbst 1951, schon gegen den Dezember hin, konnten wir dann ins Haus einziehen, und der Herd kam in die Küche. Bald kamen zwei Männer von der Firma, die ihn ausschamottierten. Seither steht der Herd an derselben Stelle in der Küche und erfüllt zur besten Zufriedenheit alle Koch- und Backvorgänge und im Winter die Warmhaltung der Küche. Auch das Haus ist fast noch in demselben Zustand wie damals, als wir im Herbst 1951 eingezogen sind. Zum Ausbau fehlte uns das dazu notwendige Geld.

Es ging weiter mit viel harter Arbeit. Im Winter 1952 hatte eine Lawine unsere Almhütte weggerissen, wie wenn nie eine dortgestanden wäre. Es war eine alte Hütte, aber nie war eine Lawine so darauf zu gekommen wie in diesem Winter. Lawinen sind unberechenbar, so wie Kinder und Tiere im Straßenverkehr. Von der Landesregierung wurden wir angeregt, die Almhütte bald wieder aufzubauen. Es ging alles von neuem an. Für mich war es besonders schwer, da in diesem Frühjahr das vierte Kind kam und ich bei allem mit meinem Mann mithelfen mußte: Bauholz schlägern und zur Säge bringen, Schotter vom Wöslaugraben zur Baustelle fuhrwerken usw. Die Wandersäge wurde auf der Alm vom Löckenwald-Leonhard aufgestellt, und er hat mit meinem Mann das Bauholz geschnitten. Er war sehr geschickt dabei.

Das Almhüttenbauen ging auch nicht so bald vorbei. Wir hatten immer Mangel an Arbeitskräften. Vorarbeiter war der Sepp Windhofer aus Altenmarkt. Für die Bauarbeiter und deren Helfer mußte ich das Mittagessen vom Heimhaus in einem Bukkelkorb zur Almhütte bringen.

„Es ist so notwendig, daß man vom Vieh etwas versteht"

Es war sehr wichtig, ein Stück Vieh von einer recht guten Abstammung zu haben. Früher mußte ich noch jeden Tag zur Nachbarin Milch holen gehen. Die Kuh von meinem Bruder hatte aber ein Kalb und gab auch noch Milch, so daß ich nicht mehr um die Milch gehen mußte. Von dieser Kuh brachten wir den ganzen Viehstand zusammen.

Es ist so notwendig, daß man vom Vieh etwas versteht. Sonst hat man viel Schaden. Es ist wichtig, über jedes Stück Vieh nachzudenken, und auch zu wissen, ob man mit der Kuh weiterwirtschaften kann oder gar keinen Nutzen davon hat. Wir behielten jedes Kuhkalb und hatten auch Glück, daß die Kuh auch immer ein Kuhkalb hatte. Mein Mann lernte dieser Kuh auch noch das Ziehen. Das Ziehenlernen hätte ich nicht machen können, dazu brauchte es schon Männerkraft. Sie war eine brave Kuh und zog auch im Winter den Schlitten.

Mit diesem Viehstand haben wir ganz gut gewirtschaftet, so daß wir bald auch ein paar Stück verkaufen konnten. Zum Schluß hat die Kuh auch zwei Stierkälber gehabt, und die haben wir gut verkaufen können. Stierkälber waren besser zu verkaufen als die Kuhkälber. Stiere behielten wir nie, immer nur zwei oder drei Monate, solange sie von der Milch leben konnten, dann war das Fleisch viel besser. Die verkauften wir dann immer. Für unsere kleine Wirtschaft war es zu kostspielig einen Stier zu halten. Wenn eine Kuh stierig wurde, dann sind wir mit ihr zu den Nachbarn hinunter, die einen Stier gehabt haben.

Bei den Stierkälbern schauten wir auch immer, daß wir bis in den Juli ein Metzgerkalb gehabt haben, weil dann der Fremdenverkehr begonnen hat. Als der Wintertourismus anfing, brachten wir sie dann auch im Jänner und Februar gut an, und die hiesigen Metzger zahlten für die Stierkälber ganz gut.

Vorher gingen die Viehhändler von Bauer zu Bauer, auch ohne daß man sie bestellt hatte. In den späteren Jahren mußte man dann den Viehhändler verständigen, daß man etwas zu verkaufen hätte. Da war es schon viel schwieriger, weil der Viehhändler gedacht hat, der ist nicht in der Lage, das Vieh über den Winter zu füttern oder auf der Weide zu halten.

Es passierte uns auch, daß wir ein Stierkalb viel zu lange behalten und auf die Alm gegeben hatten. Dort hat es aber nicht gut getan. Einmal ist eines böse geworden und hat die Nachbarsennerin angegriffen. Wir mußten es weggeben, weil zur Wirtschaft eine Servitutweide gehörte, die hauptsächlich für Kühe bestimmt war, da durfte man keine Stiere halten. Das ist auch heute noch so. Mit Kuhkälbern war es schon leichter. Vom Körper her erkannte man schon beim Jungtier, ob es eine gute Milchkuh wird. So brauchte man beides, ein Kuhkalb zum Nachziehen und ein Stierkalb, wenn man Geld benötigte.

„Manchmal gab es auch Schwierigkeiten beim Viehverkauf"

Es war im Herbst, Ende der fünfziger Jahre. Der Viehhändler Martin Reinerbauer aus Lungötz kam zu uns. Ich kannte ihn gut, vom Viehhandel auf der Karalm und auf dem Wenghof her, wo ich Sennerin gewesen war. Wir hatten drei Stiere zu verkaufen. Mein Mann war gerade auf der Alm bei der Arbeit. Martin zahlte die Stiere gut, zwölf Schilling für das Kilo Lebendgewicht.

Ich freute mich über den guten Preis und malte mir aus, wie sich mein Mann darüber freuen wird. Aber ich erlebte eine große Enttäuschung, als er heimkam. „Du darfst ohne mein Wissen überhaupt nichts verkaufen", schimpfte er, und ich mußte sofort schauen, daß der Verkauf rückgängig gemacht wird. Dazu muß ich sagen, daß ich das Recht gehabt hätte, da doch ich es war, die ihm den Hälftebesitz übergeben hatte.

Nun mußte ich auf die Vernunft des Händlers hoffen. Ich schrieb ihm gleich und schilderte ihm die Schwierigkeiten, die ich hatte. Zum Glück konnte man mit Martin reden, und er machte den Verkauf rückgängig. Die Stiere blieben also da. Sie mußten aber verkauft werden, denn im Winter hatten wir zu wenig Futter, um sie durchzufüttern, und an Gewicht würden sie dann abnehmen. Nun kam kein Händler mehr. Was tun?

Es ging schon auf den November zu, und das Vieh mußte in den Stall. Mein Mann verständigte nun den Viehhändler Pichler-Peter, daß er die Stiere verkaufen möchte. Der kam wohl, tat aber so als hätte er kein Interesse am Kauf, weil er wohl wußte, daß wir die Stiere im Winter nicht durchfüttern können. Er kaufte sie schließlich um neun Schilling das Kilo. Die Stiere wogen zweihundertfünfzig bis dreihundert Kilogramm.

Ein andermal kamen der Viehhändler Mandlhofbauer aus Annaberg und der Mandlingbauer aus Filzmoos. Wir hatten eine sehr schöne trächtige Kalbin, die schon in absehbarer Zeit zum Kalben war. Eigentlich wollten wir sie nicht verkaufen, aber wir hatten wie so oft kein Geld, und notwendige

Zahlungen standen an. Die Kalbin gefiel auch den beiden Händlern ausnehmend gut. Sie zeigten großes Interesse am Kauf, und der Preis, den sie zahlen wollten, war außergewöhnlich gut. Mein Mann befaßte sich gar nicht mit den Händlern und ging weg. Ich ging ihm nach und bat ihn, die Kalbin um den guten Preis zu verkaufen. Aber es war alles umsonst, weil er nicht verkaufen wollte. Die Händler waren enttäuscht, weil sie sich preislich wirklich gut verhalten hatten und die Kalbin gekauft hätten.

Nach drei Wochen kam es zum Kalben. Das war ganz schwer, das Kälbchen war groß und schon tot, als es endlich da war. Wir hatten große Mühe, die Kuh durchzubringen. Als uns dies wohl gelungen war, ließ sich die Kuh absolut nicht melken. Sie schlug mit den Beinen aus und stieß mit den Hörnern.

In der Hoffnung, es würde besser werden, täuschten wir uns. Wir mußten vom Schmied eine Zange machen lassen, eine Art Beißzange, nur statt einem geraden Schliff wurden runde Knöpfe angeschweißt. Mit dieser Zange konnten wir die Nasenlöcher zusammendrücken. Dann stand sie ruhig, und man konnte sie melken. Es mußten immer zwei Leute dabei sein – und der mit der Zange kein Schwacher. Mein Mann sagte dann, er wird sie als Zugkuh anlernen, weil sie wenig Milch gab.

Beim Ziehenlernen war sie sehr störrisch, mein Mann mußte sich sehr anstrengen, ihr das Ziehen beizubringen. Wenn die Kinder mit der Kuh fuhrwerken mußten, hatte ich jedesmal große Angst, denn Kinder mochte sie nicht gern.

Einmal ging es zur Angermahd auf die Alm. Eine ganz große Fuhre richtete mein Mann zusammen, alles was dazu benötigt wurde: Motormäher, Rechen, Gabeln und vieles mehr. Damals ging noch die Gasse beim Nachbarn vorbei. Es war das Gassentor aufzumachen. Beim Zumachen mußte mein Mann die Kuh etwas loslassen. Diese Gelegenheit nützte das Vieh und galoppierte mit allem Drum und Dran in den Wald hinein. Es war ein heißer Vormittag, und im Wald wollte die Kuh wohl die Fliegen loskriegen. Als wir sie endlich gefangen hatten, sah alles ganz schrecklich aus. Ein Teil vom Mäher war kaputt, das Werkzeug mehr oder weniger gebrochen, der Wagen beschädigt. Die Kuh hatte einen Riß in der Haut den Bauch entlang. Es dauerte einige Zeit, bis alles wieder halbwegs in Ordnung war.

Wir hatten damals schon einen Haflinger, aber der war mit dem Fohlen auf der Alm. Mein Mann wollte mit der Kuh alles auf die Alm bringen, dann wieder zurückfahren und den Anger auf der Alm mit dem Pferd einheuen. Die Kinder waren an diesem Tag Heidelbeeren pflücken.

Im darauffolgenden Herbst wollte mein Mann die Kuh verkaufen. Wieder verständigte er den Viehhändler Pichler-Peter. Dieser wollte für die leere Kuh – so nannte man eine Kuh die zwar stierig wurde, aber nicht trächtig – trotz ärztlicher Behandlung nur einen Spottpreis zahlen. Vor dem Verkauf wurde die Kuh sechs Wochen lang nicht stierig, und mein Mann verkaufte sie dem Viehhändler als trächtig. Gleich nach dem Verkauf wurde die Kuh stierig, und das wurde meinem Mann zum Verhängnis. Entweder die Kuh zurücknehmen, hieß es, oder für die-

Hochzeit. Am 21. Oktober 1946 heiratete Barbara, geborene Hofer, Johann Passrugger aus Kleinarl. Er war ihr durch eine Freundin vermittelt worden. *„Es war wirklich notwendig, daß ein Mann auf den Hof kommt."*

Beim Mistausfahren mußte der Vordere so langsam gehen, daß der Hintere Zeit zum Mistabladen hatte. Für den Vorderen war es schwer, den Ochsen vom Weiden abzuhalten.

Barbaras Bruder Hans mit einem Schulbuben beim Ackern. Die Brüder wollten, daß Barbara den Hof übernimmt, und halfen ihr, so oft sie konnten.

Johann Passrugger mit den Kindern Franzi, Hansi, Seppi, Barbara und Maria beim Kornschnitt. Barbara und ihr Mann trachteten danach, daß die schwere Arbeit erledigt war, bevor die Kinder wieder in die Schule mußten.

Barbaras Bruder Franz in seinem Sägewerk, das er vom Vater übernommen hatte. So wurde das Holz für das neue Haus und die Almhütte geschnitten.

Eine Seite aus Barbaras Photoalbum, von links oben nach rechts unten: Florian Hofer, Barbaras Bruder, der im Zweiten Weltkrieg gefallen ist. – Beim Heuaufladen, wenn das Zugtier von einer Fliege gestochen wurde, begann es mit der ganzen Fuhre zu galoppieren. – Barbara Passrugger. – Eines der wenigen Fotos von Barbara mit Familie. – Johann Passrugger, Barbaras zweitältester Sohn, ist der jetzige Bauer auf dem Haidegg. Er lebt gemeinsam

mit Barbara auf dem Hof. – Barbara Passrugger, die zweite Tochter. – Johann Passrugger. – Barbara mit ihren Kindern. – Franz Hofer, der erste Sohn von Barbara. – Die Wenghofalm in Radstadt. Von hier ging Barbara in ihren Geburtsort zurück. – Der Rohbau des neuen Hauses. Heute kann man kaum erkennen, daß das Haus erst knapp über vierzig Jahre alt ist. – Die alte Almhütte. – Josef Passrugger, der dritte Sohn, im Sonntagsanzug.

Bevor Barbara nach Filzmoos auf das Haidegg kam, war sie Sennerin auf dem Wenghof in Radstadt. Sie hatte deshalb Erfahrung im Umgang mit Tieren.

Die Almhütte, die 1952 neu aufgebaut wurde, nachdem sie eine Lawine weggerissen hatte. *„Nie kam eine Lawine so drauf zu wie in diesem Winter."*

Barbara vor dem neuen Haus, das sich noch im Rohbauzustand befindet. Ein Orkan hatte im Jänner 1949 das Dach weggetragen und das Haus fast zum Einsturz gebracht. 1950 wurde das Haus neu aufgebaut.

Johann Passrugger bei der Arbeit. *„Er konnte viele Arbeiten so gut angehen, daß er sich nicht zu plagen brauchte."* Da er ein „Auswärtiger" war – er kam aus Kleinarl – wurde er von der ansässigen Bevölkerung nicht voll akzeptiert.

Das alte und das neue Filzmoos: Außer der Kirche, dem Schulhaus und dem „Gretlhaus" wurden in den letzten vierzig Jahren alle Häuser neu gebaut. Das Haidegg liegt in 1300 Meter Höhe auf dem Hang rechts im Bild über dem Ort Filzmoos.

Das Haidegg mit der kleinen und der großen Bischofsmütze im Hintergrund. Mit achtzig Jahren bestieg Barbara noch einmal ihren „Hausberg"!

Die Almhütte im Schnee. Seit 1968 kommen „die Kölner" regelmäßig nach Filzmoos auf die Almhütte. Die Alm wird nicht mehr bewirtschaftet, aber von den „Kölnern" instand gehalten.

Als Barbara vierzehn Jahre alt war, wurde ihr das Schifahren verboten, mit achtundsechzig Jahren begann sie wieder damit. Erst eine Verletzung, die sie sich mit einundachtzig Jahren beim Schifahren zuzog, brachte sie von ihrem Hobby ab.

Haidegg im Winter. Durch die Höhe und die exponierte Lage ist hier der Winter viel härter als unten im Tal. Oft liegt der Schnee so hoch, daß man nur noch vom zweiten Stock ins Freie gelangen kann.

Mit den „Kölnern" an der Ostsee. Erst durch ihre jungen Feriengäste lernte Barbara die Welt außerhalb von Filzmoos kennen. (Mehrzahl der Photos von Klaus Wonka).

se Zeit Futtergeld zahlen, und das war nicht wenig. Also forderte der Händler Preisnachlaß. Es blieb fast nichts mehr für uns, die Kuh war nur mehr eine Schlachtkuh. Durch so ungeschickte Verkäufe entstand oft Schaden, wenn man den richtigen Zeitpunkt zum Verkauf versäumt hatte.

Als Bauer muß man nicht nur mit den Händen dabei sein, sondern man muß auch Hirn haben. Es ist nicht so, daß der Bauer nur so dahinarbeitet. Da hatte mein Mann schon ein gutes Gespür, weil er so viele Arbeiten so gut angehen konnte, daß er sich nicht zu plagen brauchte. Und das war auch beim Vieh wichtig.

Wir hatten früher die Pinzgauer-Rasse. Mein Sohn stellte dann ganz auf Fleckvieh um. Die Tiere setzen mehr Fleisch an, und auch die Kälber kauften die Metzger lieber. Eine Zeitlang war es verboten, mit einer Pinzgauer-Kuh zu einem Fleckvieh zu gehen. Als dann die Bestimmungen lockerer wurden, kreuzte er die beiden Rassen. Durch die neue künstliche Besamung konnte man sich die Rasse aussuchen.

Bei uns ist auch wichtig, wo das Vieh gehalten wird. Draußen auf den ebenen Feldern oder gar im Stall können die Rinder ganz anders sein als bei uns, wo die Kuh den Berg hinaufgehen und sich da oben die Weide suchen muß.

Unsere erste Kuh aus der Fleckvieh-Rasse, die auch immer wieder Kälber gehabt hat, das war eine Kuh für mich! Ich weiß nicht warum, aber ich hatte eine richtige Beziehung zu dem Tier. Die Kuh erkannte mich schon an der Stimme. Wenn ich wo geredet habe, ist sie schon zu mir gekommen. Wenn mir so richtig schwer ums Herz war, ging ich in den Stall und habe das der Kuh erzählt, habe geweint, habe sie um den Hals genommen. Sie hat mich mit der Zunge abgeschleckt, den Kopf zu mir gelegt, und mir ist vorgekommen, die Kuh versteht mich. Der konnte ich mein Herz ausschütten. Das ist so eine Beziehung, in der ein Vieh mehr ist als der Nutzen, den man davon hat.

Wir hatten auch manchmal Pech mit den Kühen, wenn sie ziehen lernten oder beim Haus umackern mußten. Da fuhr einmal mein Mann mit dem Pflug, und ich mußte vorne bei den Kühen gehen. Ich mußte dann kochen gehen, so ließen wir die Kühe warten und gingen ins Haus. Dann hat mein Mann, damit wir wieder weiterarbeiten konnten, den Buben, den Franzei, um die Kuh geschickt. Der Bub ist hingegangen, wie es ihm angeschafft wurde, aber die Kuh konnte die Kinder nicht gut leiden. Immer wenn sie die Kinder gesehen hat, dann hielt sie schon den Kopf zum Boden. Wie der Bub dort war, hat ihn die Kuh sofort auf die Hörner genommen. Zum Glück war bei der Kuh das Joch noch oben, da waren die Hörner nicht so weit heraußen, aber sie hatte ihn ganz schön hoch oben und warf ihn vielleicht fünf bis sechs Meter weit. Zum Glück holte er sich nur ein paar blaue Flecken, und die Kuh interessierte sich weiter nicht für ihn.

Nach den Kühen und dem Ochsen haben wir eine Haflinger-Stute gehabt. Das Pferd fütterte immer nur mein Mann. Es kannte ihn am besten, mich weniger gut. Einmal sagte er, er holt ein paar Ferkel von Niederfritz herauf. Ich sollte ihn dann vom Postauto mit dem Pferdeschlitten abholen. Es war

Winter, aber nicht viel Schnee. Ich tat das nicht gerne, weil ich sonst mit dem Pferd nichts zu tun hatte. Es ging aber zuerst gut, und ich fuhr mit ihr und den Kindern die neue Straße herunter. Als wir schon fast unten waren, fing sie auf einmal an zu galoppieren. Die Kinder fielen gleich herunter, und ich versuchte, das Pferd zu halten. Aber sie ist weiter durchgegangen, und ich hatte eine Riesenangst. Zum Glück kam der Hammerbauer, der mit Pferden gut umgehen konnte, weil er selber welche hatte, und der konnte das Pferd aufhalten. Er fuhr dann auch noch mit uns ins Dorf, damit nicht noch einmal was passiert. Unten im Dorf bei meinem Mann war sie wieder so brav wie ein Lamm, aber mit mir hatte sie sich gespielt. Ich machte mit Pferden oft schlechte Erfahrungen, und daher achte ich sie auch nicht besonders. Bei solchen Sachen ist es auch wichtig, daß eine Männerhand dabei ist.

Gefürchtet haben wir vor allem die Stechfliegen, die auf die Rinder losgehen. Man hört die Fliegen so schwer, aber die Tiere hören sie besser. Die haben das schon im Ohr, und da galoppiert sogar ein Ochs, der sonst nie galoppiert. Da haben wir einmal ein ganzes Fuhrwerk mit Heu verloren.

Wie freute ich mich, als wir den elektrischen Strom bekamen! Mit einer Seilwinde war man dann nicht mehr so auf ein gutes Zugtier angewiesen. Das war eine große Erleichterung. Oft hatte ich große Angst, wenn ich die Kinder um die Kühe schickte, weil ich dazu keine Zeit hatte oder weil die Kühe ganz hoch hinaufgestiegen waren. Man weiß nie, was mit den Rindern geschieht, wenn die Kinder dabei sind.

Die Gefahr war auch beim Stallgehen vorhanden. Wenn man einer Kuh das Futter hintrug, mußte man seitlich vorbeigehen, nicht so wie bei den modernen Ställen, wo man von vorne kommen kann. Einmal bin ich neben einer Kuh gestanden und wollte ihr das Heu noch besser in den Trog hinunterdrücken. Da fuhr die Kuh mit dem Kopf hinunter und schnell wieder hinauf und brach mir mit dem Horn das Schlüsselbein. Auch beim Melken passierte immer wieder etwas.

„Die Schafe bleiben ja nicht dort, wo sie dürfen"

Wir hatten immer Schafe. Mein Mann hatte Schafe auf dem Hof gehalten, wo er vorher im Dienst war. Die brachte er von dort mit. Das waren drei oder vier Stück, von denen wir uns dann auf zwanzig bis dreißig Stück hinaufarbeiteten. Die Schafe konnten wir auf die Alm hinübertreiben. Die gingen bis fast auf den Gipfel vom Rettenstein hinauf, wo Kühe unmöglich hinkonnten. Dort war das Gras zwar kurz, aber es war eine gute Weide. Im Herbst brachten wir sie dann zum Haus zurück. Wenn nicht etwas Besonderes war, ging es mit den Schafen sehr gut. Nur wenn ein schlechter Sommer war und es dauernd schneite, dann mußten die Kinder hinauf, die Schafe herunterholen. Da waren sie dann auf der Kuhweide, und es gab immer wieder Streitereien, weil Schafe auf der Kuhweide nicht leicht gelitten werden.

Oft war es auch so, daß uns dann im Herbst Schafe abgingen, einmal fehlten uns acht Schafe. Um die Schafe kümmerte sich ja unterm Jahr niemand, nur ab und zu schickten wir die Buben, daß sie nach den Schafen schauen. Die Buben kannten die Schafe schon, und jeder hatte sein eigenes.

Wenn uns im Herbst Schafe abgingen, mußten wir sie auch immer wieder suchen gehen, und da half uns der alte Leopichl-Vater viel. Wir hofften ja doch immer, daß die Schafe irgendwo noch zu finden sind – bei Nachbarn oder zu anderen Schafen dazugegangen. Der alte Leopichl-Vater kannte sich mit Schafen aus, der konnte mit den Tieren so gut umgehen. Oft erkannten ihn die Schafe schon von weitem und liefen ihm zu. Unendlich weite Strecken suchte der herum: von unserer Alm in die Bachlalm, bis in die Ramsau und auch in die andere Richtung zur Bischofsmütze oder nach Annaberg oder nach Lungötz hin.

Er brachte uns auch viele Schafe wieder zurück. Nicht alle, das wäre nicht möglich gewesen, aber viele bekamen wir durch den Leopichl-Vater wieder. Er war schon ein alter Mann, aber er führte viele Jahre diese Nachbarschaftsdienste aus. Wir waren so froh, wenn er gekommen ist und gesagt hat, daß er wieder Schafe von uns gefunden hat. Die Schafe waren gekennzeichnet, wir sagen dazu: Sie sind gemerkt. Und jeder Bauer hatte sein bestimmtes Zeichen. Er kannte die Zeichen von den Schafen aus der ganzen Gegend: von der Ramsau bis Radstadt, bis Annaberg, bis nach Lungötz hinein. Die Schafe waren sein Leben. Er war so glücklich mit den Schafen, und die Schafe waren immer um ihn herum. Das war nett zum Anschauen. Sie kannten ihn auch, kamen zu ihm hin und begleiteten ihn. Mein ganzes Leben bin ich ihm dafür dankbar, was er uns da geholfen hat.

Er brachte uns aber nicht nur viele verlorengeglaubte Schafe wieder zurück. Auch die Kälber von der Alm stiegen oft so hoch, sie sind ja nicht so schwer wie die Kühe. Manchmal verstiegen sie sich. Aber der Leopichl-Vater gab nicht auf, bis er die Kälber wiedergefunden hat. Er ging oft bis auf den Rettenstein und hat gesucht und gelockt. Einmal hörte er ganz oben in der Wand ganz leise, daß eines sich gemeldet hat. Er hatte schon das Ohr dafür, die Tiere zu hören und auch zu hören, wo sie sind. Anderen Bauern half er ebenso beim Viehsuchen. Er fand auch oft verendetes Vieh.

Später kam er noch oft zu Besuch, mit zwei anderen Bauern, wenn das Wetter schlecht war, und plauderte mit mir. Die drei sind alle gestorben, und die gehen mir so ab. Ich weiß jetzt noch die Zeiten, wann sie gekommen sind.

Im Herbst konnten wir dann auch ein paar Schafe abstechen und hatten dann Fleisch. Zweimal wurden sie geschoren. Im Herbst, wenn sie von der Alm zurückkamen, und einmal im Frühjahr, bevor sie auf die Alm getrieben wurden. Die Wolle verarbeiteten wir nicht immer selber, sondern tauschten sie beim Loden-Steiner gegen einen Stoff. Oder wir ließen die Wolle kartatschen. Dann war sie so richtig fein gestrichen. Das war nämlich eine Heidenarbeit und beim Loden-Steiner ging das maschinell. Die kartatschte Wolle verarbeiteten wir dann selber.

Der Nachbar konnte unsere Schafe immer weniger leiden. Als er alles mit Drahtzaun eingezäunt hat, sind die Schafe noch öfter zu ihm auf die Wiese gekommen als vorher beim Holzzaun. Früher hat jeder Schafe gehabt, auch die, die keine Schafweide gehabt haben. Die Schafe bleiben ja nicht dort, wo sie dürfen. Die gehen überall hin. Wir lachten dann und sagten, man muß die Schafe zum Nachbargrund hintreiben, dann kommen sie auf unsere Alm zurück. Von der Schafzucht kam man aber gänzlich ab. Erst jetzt beginnen manche wieder, ein paar Schafe zu halten. Früher waren die Schafe überall dort, wo die Kühe nicht hinkonnten. Dort war auch die beste Schafweide, weil dort die ganz guten Kräuter wachsen.

„Das Brot haben wir dann im Ort gekauft"

Auch in der Landwirtschaft änderte sich sehr viel; dadurch, daß man heute alles zu kaufen bekommt und daß man sich das auch kaufen kann. Früher mußten wir alles selbst anbauen und selbst erzeugen, weil man es nicht zu kaufen gekriegt hat und auch das Geld dazu nicht hatte. Wir bauten jedes Jahr selbst die Kartoffeln an. Auch das Sauerkraut für den Winter erzeugten wir selbst. Daher wurde von uns auch nichts gekauft. Wenn der Winter nicht ganz außergewöhnlich war, hatten wir so viel Herbstkorn, daß wir genug Brot für ein ganzes Jahr hatten.

Das Korn mußte dann im Winter gedroschen werden. Zuerst mußten es mein Mann und ich mit dem Dreschflegel dreschen, dann erstanden wir eine Dreschmaschine – trotz aller Sparsamkeit, weil ich dann auch immer zu wenig Zeit dazu hatte. Aber auch mit der Dreschmaschine war es nicht leicht. Die mußte man mit der Hand treiben, und wir mußten immer schauen, daß wir besonders starke Männer auftreiben konnten. Das war sehr schwere Männerarbeit.

Dann haben wir vom Nachbarn, der schon elektrifiziert war, ein Kabel zu uns herauf gelegt. Da konnten wir schon mit Strom dreschen. Das war für mich und meinen Mann schon eine gewaltige Erleichterung. Wir schauten drauf, daß wir zu Weihnachten damit fertig waren, damit die Kinder in den Weihnachtsferien die Putzmühle antreiben konnten. Mit der Putzmühle konnte man das Korn sauber machen. Da gehen drei Gattungen Korn heraus: ein ganz schönes, das andere ist schon mit Unkraut und kleineren Körnern vermischt, und das dritte ist dann fast schon nur mehr Unkraut. Die zwei Buben mußten in den Ferien immer eine Aufsatzarbeit machen, und mein Mann und ich wollten natürlich nicht, daß sie schreiben, daß sie die ganze Zeit arbeiten müssen. Ich mußte deswegen von meiner Kurrentschrift auf die Lateinschrift umlernen, weil ich den Buben die Aufsätze vorschrieb, damit sie nur mehr abzuschreiben brauchten.

So in den siebziger Jahren hörten wir dann langsam mit dem Feldbau auf. Wir bauten nur mehr Hafer fürs Pferd und für die Schafe an. Mein Mann ging ja da schon arbeiten und hatte dafür auch keine Zeit mehr. Es hätte sich zu dieser Zeit auch schon weniger ausgezahlt, weil mein Mann sich unten selber verköstigte und auch die Kinder teilweise schon aus dem Haus waren. Ich war eigentlich allein zu Hause.

Das Brot haben wir dann im Ort gekauft, nicht nur ich, auch die anderen Bauern. Vorher gab es im Ort keinen Bäcker. Zuerst kam der Bäcker nur mit einem Korb und ging von Hof zu Hof. Vor allem die

Kinder liebten ihn und bettelten, wenn er kam. Oft sagte ich den Buben, sie sollen nach der Schule einen Weißbrotwecken mitbringen, dann trauten sie sich nicht herauf, weil sie den schon fast aufgegessen hatten. Ich wußte das schon, wenn sie so lange unten am Weg blieben und nicht heraufkamen. Der Hunger und die Besonderheit des Brots waren einfach zu stark, um widerstehen zu können.

Zu dieser Zeit begann auch der Aufstieg des Bäckermeisters. Er konnte immer ein bisserl mehr verkaufen. Der erste war draußen in der Aumühle, gegen die Hachau zu, dann baute schon ein Bäckermeister im Ort, und der hat sich da eine Existenz aufgebaut. Der jetzige Bäcker hat auch schon eine Konditorei dabei.

Der große Unterschied von früher und heute ist, daß man es sich früher einfach nicht leisten konnte, Brot zu kaufen. Das ist schon die gute Zeit, in der wir jetzt leben. Früher hatten wir nur unser eigenes Brot, wobei ich nichts dagegen sagen darf, denn wir waren glücklich damit. Und es war ein Glück, wenn das Brot das ganze Jahr über reichte. Die Kinder, wenn sie aufwachsen, die brauchen dann viel Brot – vor allem die Buben, wenn sie so dreizehn bis vierzehn Jahre alt sind. Und wenn man Butter und Brot und Milch hatte, dann war schon einmal die Hauptmahlzeit da, so daß man dann sagen konnte, es geht einem nicht mehr schlecht. Auch hatten wir ja die Kartoffeln dazu und aus dem Garten schönes, großes Gemüse.

Den Garten hatten wir länger als den Feldbau. Vor allem Johannisbeeren hatten wir so schöne. Die Sträucher waren ganz rot, voller Beeren. Da kamen auch die Nachbarn, Johannisbeeren pflücken. Ich hätte sie gar nicht verbrauchen können. Erst später machten wir den Garten viel kleiner. Auch den hinter dem Haus, wo wir die Rüben für das Vieh hatten, brauchten wir nicht mehr. Wir hatten dann nur mehr Karotten, Karfiol und Salat im Garten. Auch im Garten wurde es immer ein bisserl weniger, ebenso mit dem Vieh.

Früher hatte ich immer gedacht: „Melken hör' ich nie auf, melken tu ich noch vor dem Sterben." Aber dann ging es auch nicht mehr, es ging einfach nicht! Ich bekam die rechte Hand, wenn ich sie zur Faust machte, nicht mehr auf, und wenn ich sie offen hatte, dann konnte ich keine Faust mehr machen. Die Hand schmerzte zu stark. Ich bin zum Arzt gegangen und habe gehofft, daß er mir was gibt, daß ich wieder melken kann. Der aber sagte mir, ich müsse mit dem Melken aufhören, weil man sonst die Hand nicht mehr heilen kann.

Ich habe mir auch gedacht: „Hühner muß ich immer haben, ohne Hühner geht's nicht!" Sogar als ich auf der Alm war, habe ich mir Hühner mitgenommen. Aber auch die Hühner wurden immer weniger. Vor allem der Hühnerbussard holte viele. Zum Schluß hatte ich nur noch eine Henne, und bei der dachte ich mir, die werde ich ewig haben. Einmal sind die Nachbarskinder gekommen und haben gesagt: „Du, deine Henne liegt in der Viehgasse unten, die hat der Habicht gestoßen." Seither habe ich keine Hühner mehr. Die Nachbarn probierten dann immer wieder, Hühner zu halten, aber die holt immer der Habicht, weil es sonst nirgends Hühner gibt. Früher hat sich das aufgeteilt, woher der Habicht die Hühner geholt hat, weil da jeder welche gehabt hat.

Obstbäume hatten wir fast keine, und frisches Obst war eine Rarität. In den Kaufhäusern konnte man dann auch in Filzmoos Früchte kaufen, die bei uns nicht wachsen. Wir hatten bis dahin nur Kirschen. Und das waren die kleinen Steinkirschen. Manchmal war da der Kern größer als das Fleisch rundherum.

„Holzarbeit ist immer gefährliche Arbeit"

Wenn man sich auch nur mit den Ästen abgibt, mit dem Ausstreifen vom feineren Zeug, und dann die Knüttel abhackt, daß man sie einheizen kann, das ist so gefährlich, daß man das gar nicht glauben würde. Eine Nachbartochter, schon ein bisserl älter, die machte diese Arbeit, und ein Ast splitterte ihr dabei ins Auge und sie hat das Auge verloren. Auch so leichte Holzarbeit kann gefährlich sein. Anstrengend war es mit der Zugsäge, dafür war diese Arbeit nicht so gefährlich. Der Franz beherrschte die Zugsäge sogar alleine.

Mit meinem Mann mußte ich oft Holzarbeiten. Wenn es auf einem steilen Hang war, dann war es nicht nur gefährlich, sondern auch anstrengend. Wir schnitten gemeinsam mit der Zugsäge die Bäume um.

Einmal waren wir in unserem Bezugswald, und es war recht arg steil. Ich mußte damals schon drei Kinder mitnehmen. Alle waren noch recht klein. Die zwei Älteren rutschten auf den geschnittenen und geschälten Bäumen herum. Nachher konnten sie in den Hosen, die voller Pech waren, keinen Schritt mehr gehen. Sie mußten die Hose ausziehen, um heimgehen zu können. Das war eine Zeit, da waren sie zu klein zum Daheimlassen und zu klein zum Mitnehmen. Erst später konnten sie bei der Holzarbeit helfen, indem sie mit dem Fuhrwerk gefahren sind.

Aber die Holzwirtschaft hat sich geändert! Sie ist jetzt bedeutend leichter geworden. Auch eine Motorsäge schafften wir uns an. Da war es schon um vieles leichter! Die Holzarbeit von damals ist mit der heutigen überhaupt nicht zu vergleichen. Durch die Maschinen haben die Leute im Winter mehr Zeit, und das wurde auch schon wieder durch den Tourismus notwendig, der dann angefangen hat – mit den Schiliften und den Gasthäusern, die jetzt viel mehr Geschäft machen. Jetzt war es so, daß viele von denen, die früher im Winter mit der Waldarbeit beschäftigt waren, sich mit neuen Arbeiten beschäftigen konnten. Es wäre eine arge Arbeitslosigkeit entstanden, wenn nicht der Tourismus gekommen wäre.

So hat es sich ins Bessere gewandelt. Viele, die in der Holzwirtschaft gearbeitet hatten, die haben schon das Alter gehabt, daß sie diese Umstellung nicht mehr mitmachen mußten, die konnten dann schon in Pension gehen. Da kenne ich einige, die früher Holzknechte waren und dann in Pension gingen. Hier in Filzmoos hat sich ja keine andere Arbeit geboten als die Holzarbeit. Es konnte einer nur Holzarbeiter werden. Bloß der Schmiedmeister hatte Lehrlinge.

Aber für die weichenden Bauernkinder gab es nur, entweder bei den Übernehmenden als Knecht

72

bleiben oder Holzarbeiter werden. Die verdienten immerhin auch einiges, besser als ein Bauernknecht. Die konnten sich dann schon ein bisserl was leisten. Einige heirateten, bekamen eine Wohnung oder bauten sogar ein Häuschen. Das erste Häuschen, von dem ich aus Filzmoos weiß – ein Häuschen unter der Kirche –, das wurde von einem Holzknecht gebaut. Er heiratete eine Bauerntochter, und die bekam das Grundstück.

Wenn früher ein Kahlschlag gemacht wurde, ist er wie heute wieder aufgeforstet worden. Die Bundesforste hatten Forstgärten, und von dort nahmen sie dann die Pflanzerln. Wenn die Bauern aufforsteten, mußten sie von dort kaufen. Aber damals schlugen die Bauern nur ganz wenig Holz, gerade das, was sie für den Eigenbedarf brauchten. Das Holz hatte ja keinen Preis. Vom Staat bekam jeder sein Servitutholz, und das war fast nur Brennholz. Gerade wenn einer bauen mußte, schlug er mehr Holz. Die Holzwirtschaft fing erst später so richtig an, als das Holz auch einen Preis gehabt hat.

„Auch Haushaltsgeräte oder Möbelstücke wurden hergestellt"

Wenn wir im Winter nicht gerade Holzarbeit zu verrichten hatten, befaßte sich mein Mann mit dem Mist, oder er verarbeitete das Getreide. Im Winter war normalerweise nicht so viel Arbeit. Das Werkzeug etwa mußte fürs nächste Jahr gerichtet werden. Für eine Frau aber gab es immer noch genug Arbeit. Da war der Flachs zu spinnen, und die Kinder mußten stricken. Erst später hatten es dann auch die Kinder leichter, weil sie sich schon Sachen gekauft haben, wie eine Wolljacke oder Socken. Sie mußten dann nicht mehr selber stricken. So behutsam ist man von der alten Zeit in die neue hineingegangen. Nicht ruckzuck, sondern schön langsam.

Für die Stallarbeit, die ja im Sommer wegfiel, brauchte ich im Winter in der Früh zwei Stunden. Nachdem die Kinder weggegangen waren, arbeitete ich im Stall. Das ging sich gerade mit der Mittagszeit zum Kochen aus. Am Nachmittag kam dann das Stricken und das Spinnen dran. Auch Haushaltsgeräte oder Möbelstücke wurden hergestellt. Der Winter war die Zeit, in der alles gerichtet wurde, was man im Sommer gebraucht hat.

Eine Winterarbeit, die man fast jeden Tag machte, war das Gsodabbrennen. Da wurde jeden Tag Wasser in einem großen Kessel hingestellt, und wenn das Wasser gekocht hat, dann füllte man einen großen Holzbottich mit Heu und den Resten vom Korn an. Da schüttete man dann das heiße Wasser darüber. Das roch sehr gut. Dann kam ein Holzdeckel drauf, und draufgestiegen ist man auch noch, damit das alles fest gepreßt wurde. Diesen „Heusilo" hatte jeder Bauer.

Das Futter zum Gsodabbrennen war auch kein normales. Für die besseren Milchkühe nahm man das Grummet, das Heu, das obenauf lag, Kornabfall und Leinsamen. Bei großen Bauern mußten das zwei Mägde machen. Die haben ganz schön viel heißes Wasser getragen. Und jede Kuh bekam eine eigene Mischung. Für die Kuhkälber gab es gekochten Leinsamenbrei, den haben sie geliebt! Der Leinsamen wurde nur für das Vieh verwendet, nicht für die Leute. Auch trächtige Kühe bekamen diesen Brei, die hatten es dann beim Kalben leichter, weil sie mehr Kraft hatten. Aber auch das Gsodabbrennen hörte sich dann auf, und bald konnte man auch Spezialfutter kaufen.

Eine andere Winterarbeit war das Korbflechten. Früher hat man das Futter in den Stall mit einem Korb getragen. Man konnte ja nicht von vorne zu den Kühen hingehen, sondern man mußte von hinten vorbei.

„Es hat auch richtig ungesunde Arbeiten gegeben"

Schäden durch die Arbeit habe ich keine, aber Kreuzschmerzen habe ich heute noch, vor allem von den halbgebückten Arbeiten wie Mistausbreiten. Da wurde vom Misthaufen einem Zugtier, einem Ochsen oder Pferd, die Fuhre aufgeladen, und dann mußte einer damit langsam fahren. Vor allem bei den Pferden war das schwer, weil die einen viel schnelleren Gang haben. Wir waren immer froh, wenn ein Ochse vorgespannt war. Hinten ging einer nach mit einer Mistkralle, wie wir gesagt haben, das ist eine Gabel, bei der die Zacken abwärts stehen. Der mußte eine Spur abladen, und die mußte man dann mit einer Gabel fein ausstreuen. Diese Arbeit fürchtete ich schon als Kind. Das ging den ganzen Tag dahin. Am Abend ging ich herum wie ein altes Weiberl.

Der Misthaufen wurde oft auch schon im Winter ausgefahren. Da wurde das Vieh in den Hof getrieben und der Mist auf einen Schlitten aufgelegt. Sonst machte man das aber im Frühjahr. Auch auf steileren Hängen breiteten wir Mist aus. Da wurde vom Misthaufen weg ein Wagerl mit einem Zugtier hinaufgebracht. Oben war eine Umlenkrolle, und das Zugtier ist hinuntergegangen. Auf den Hanglagen, auf denen umgeackert und Mist ausgestreut wurde, war es mit den Kreuzschmerzen besser, weil man durch die Hanglage aufrechter stehen hat können.

Bei der Gartenarbeit war es auch so. Jedes Jahr wurde es mit diesen Arbeiten schlimmer.

Eine harte Arbeit war auch die Schafschur. Die Kreuzschmerzen haben mich bis in die Nacht hinein verfolgt, und ich habe sie heute noch. Vom schweren Heben bekam ich auch immer wieder einen Hexenschuß. Wenn ich bei der Stallarbeit die schweren Kraftfuttereimer heben mußte, ist mir das oft passiert. Aber das waren Leiden, mit denen man arbeiten konnte, wenn sie auch geschmerzt haben und das Arbeiten schwer gemacht haben. Im Bett geblieben bin ich deswegen nie. Behalten habe ich auch die Schmerzen in den Händen, die ich vor allem vom Melken bekommen habe.

Es hat so richtig ungesunde Arbeiten gegeben, die wir früher gemacht haben. Wenn wir das Heu schlecht eingebracht haben, dann hat es gestaubt, daß man aus der Tenne nicht einmal bis zum Tennentor durchgesehen hat. Ich bin drinnen gestanden und hab das schimmlige Heu aufschütteln müssen. Aber zum Glück habe ich nichts mit der Lunge bekommen.

Auch beim Heumischen staubte es so stark, daß wir ganz schwarz waren. Das Heu mußte man mi-

schen, die besseren Milchkühe bekamen nämlich
weniger vom Stroh und vom schlechteren Heu hinein. Und die Kühe, die trockenstanden, die kriegten
Stroh und sperriges Heu dazu. Das mischte man in
der Tenne mit der Gabel. Dann wurde es jeden Tag
mit dem Korb in den Stall getragen. Da hatten wir
im Haus noch gar keine Stiege. Die machte erst viel
später mein Schwiegersohn.

Einmal im Sommer – es war schon in späteren Jahren – tat mir beim Heuarbeiten die rechte Schulter so
weh. Mir wurde schlecht vor Schmerzen. Ich mußte
öfters unterbrechen; auch beim Heuwenden und
beim Arbeiten mit dem Rechen. Das machte mich
ganz fertig, daß ich diese doch so wichtige Arbeit
nicht machen konnte. Ich habe so gelitten, daß ich
diese Arbeit nicht mehr machen konnte. Zum Glück
bekamen wir dann bald eine Heuwendemaschine.

Im Winter hat es im Schafstall stark gestunken.
Da war ein Gas drinnen, daß mir oft richtig
schwindlig geworden ist, wenn ich hineinging. Die
Schafe hatten einen scharfen Urin, durch den Gas
entstehen konnte, überhaupt im Frühjahr, wenn es
wärmer wurde.

Lange hatte ich auch große Probleme mit dem
Magen, was wohl auch irgendwie auf mein früheres
Leben zurückzuführen ist. Ich muß aber glücklich
sein, daß ich nicht, was mir immer wieder von anderen Leuten prophezeit wurde, unter Gicht und
Rheuma zu leiden habe. Das fürchtete ich ja, weil ich
ja oft im Nassen geblieben bin. Gott sei Dank ist das
ausgeblieben.

Ich hatte auch sonst oft Krankheiten, die man einfach ignoriert hat, auch als Kind. Arzt kam sowieso

keiner, und es mußte einem schon sehr schlecht gehen, daß man nicht gearbeitet hat. Ich muß aber gerechterweise sagen, daß mir die Krankheiten nicht nur schadeten, weil ich schon in meiner Jugend begann, darüber nachzudenken. Da kam ich drauf, daß Krankheiten auch ein Fingerzeig sein können, daß man wieder vernünftiger lebt. Und ich schöpfe auch jetzt noch daraus, daß ich durch die Krankheiten ein ganz anderer Mensch wurde. Ein glücklicherer, zufriedenerer Mensch. Auch durch die Unfälle wurde ich darauf aufmerksam gemacht.

Ich freute mich immer so, wenn der Tag umdrehte und länger wurde. Zeit hatten wir deswegen aber nicht mehr. Die Nachbarn gingen oft miteinander spazieren. Dann sagte ich zu meinem Mann: „Wir schuften und rackern uns ab, und die gehen da spazieren." Aber das nutzte nichts, weil wir unsere Arbeit tun mußten. Es ging immer so weiter. Wir waren mit der Arbeit nie vorn, eher immer hintennach.

„Alles händisch zu bewältigen, war schwer"

Mit den Jahren, als die Familie immer größer wurde und im Winter oft Wassernot herrschte, brachte mir der Waschtag zusätzliche Arbeit. Alles noch mit alten Methoden und Handarbeit! Ganz zuerst habe ich in einem großen Häfen am Küchenherd die Bettwäsche, die Handtücher und die weiße Unterwäsche gekocht. Ich machte mir damals noch am Vortag die Aschenlauge. Asche wurde mit kochendem Wasser abgebrüht, dann ein paarmal durchgerührt und bis zum anderen Tag stehengelassen. Bevorzugt hat man dazu Asche vom Hartholz. Da wir ja nur mit Holz heizten, aber fast nie Hartholz hatten, hob ich mir diese Asche auf, wenn es einmal eine gab. Ich kaufte zu dieser Zeit nie Waschmittel, nur mit der Lauge und etwas Seife wurde die Wäsche gewaschen. Das war mühsame und keine leichte Arbeit.

Jedes Stück aus dem Einweichbottich mußte ich vor dem Kochen mit der Bürste auf dem dazugehörigen Tisch durchbürsten, etwas einseifen und dann in die vorbereitete, abgeseite Lauge zum Kochen in den Häfen geben.

Die Kochzeit war je nach Art der Wäsche verschieden. Bettwäsche und grobe Arbeitswäsche brauchte längere Kochzeit. Nach dem Kochen wurde die Wäsche wieder durchgebürstet oder auf der Waschrumpel gerieben oder mit dem Holzklopfer durchgeschlagen und dann im Brunnentrog mit kaltem Wasser ganz saubergespült. Im Winter war das schrecklich kalt.

Einige Jahre nach dem Hausbau – wir hatten dann auch eine Waschküche – bekam ich einen Dämpfer. Es wurde dadurch schon um einiges leichter. Ich hatte in der Waschküche schon alles bei der Hand. Den Dämpfer, den Bottich, den Waschtrog, den geeigneten Tisch und sogar einen Spülwassertrog. In den konnte ich von der nun schon vorhandenen Wasserleitung das Wasser einlassen und im Winter, wenn es gar so kalt war, etwas heißes Wasser dazugeben. Ich war mit diesen Behelfen sehr zufrieden.

Die Familie wurde immer größer, und als ich dann noch mit den Kühen im Sommer auf die Alm ging und auch die Milch verarbeitete, wurde mir die

Tageszeit einfach zu kurz, um den Waschtag zu bewältigen. Es übernahm mir dann des öfteren die Laßbauern-Anna den Waschtag, eine ganz fleißige, junge Frau. Wenn Anna nicht die Zeit dazu hatte, halfen mir zwei tüchtige Frauen aus dem Dorf aus. Das waren die Berner-Wawi und die Nagl-Nanni, zwei Holzarbeiterfrauen. Allen dreien bin ich für die Hilfe, die ich so nötig hatte, mein ganzes Leben dankbar. Das bleibt mir unvergeßlich.

Die Schmutzwäsche wurde immer mehr, die Kinder kamen in die Lehre, und die Wäsche brachten sie heim zum Waschen. Auch ihre Bettwäsche. Sie waren alle auswärts in der Lehre und hatten zum Waschen keine Gelegenheit. In den Ferien seiner Studienzeit nahm mir der älteste Sohn dann den Waschtag ab. Das war mir wieder eine Erleichterung.

In den siebziger Jahren kauften wir eine gebrauchte Waschmaschine. Ich mußte immer dableiben zum Ein- und Ausschalten. Aber ich brauchte nicht mehr zu bürsten und zu reiben. Auch war ein Wringer dabei, und mit dem konnte man die Wäsche händisch durchdrücken. Gar so lange machte die Maschine ihren Dienst nicht, sie wurde dann kaputt. Danach brachte uns ein Schwiegersohn noch ein paarmal gebrauchte Maschinen, aber keine hielt länger durch, auch sie gingen kaputt. Nachher kauften wir keine mehr.

Meine Tochter Barbara nimmt nun jede Woche die Schmutzwäsche mit, meine und die ihres Bruders, und bringt sie das nächste Mal wieder frisch gewaschen und gebügelt zurück. Ich bin sehr froh darüber, denn einen Waschtag wie in den Zeiten ohne Maschine könnte ich nicht mehr bewältigen.

„Diese Mittel hat die Not gebracht"

Weil man nichts gehabt hat, konnte man es sich nicht leisten, zum Arzt zu gehen. Da mußten die Hausmittel herhalten, die ein jeder hatte. Außer bei ganz schlimmen Sachen, wie beim Blinddarmdurchbruch meiner zwei Töchter oder bei meinem Magendurchbruch, können solche Mittel schon eine große Hilfe sein, wenn man sich drauf versteht.

Bei jeder Krankheit oder Verletzung versuchten wir immer, mit Hausmitteln zu helfen. Häufig war es so, daß sich die Kinder kleinere Sachen zuzogen, da haben wir dann mit Arnika die Wunde gewaschen. Ich verdünnte aber das Arnika mit Wasser, sonst hätten sie das nicht ausgehalten. Es wurde so viel schneller wieder gut. Damit die Wunden verheilten, auch die Schnittwunden, verwendete man oft die gute Ringelblumensalbe.

Wenn die Kinder Durchfall hatten, dann gab ich ihnen einfach getrocknete Heidelbeeren zum Kauen, da wurde das gleich viel besser. Die muß man ganz langsam richtig fein kauen. Auch Tee konnte man kaum bekommen. Wir nahmen die Blätter von den Erdbeeren und den Brombeeren, auch von den Johannisbeeren. Die sind gut gegen Verkühlungen und außerdem blutreinigend. Auch aus Apfelschalen machten wir Tee, nur waren die Äpfel auch nicht so leicht zu bekommen.

Kräuter hatten wir viele und verwendeten sie auch. Das waren viele Mittel, die nicht nur gut geschmeckt, sondern auch Gutes gebracht haben.

Vorsichtig mußte man den Bergwermut verwenden, weil der so intensiv ist. Schwarzwurzeln sind sehr gut im Geschmack und auch etwas Gesundes. Aus den Preiselbeeren machte ich den Kindern immer ein Wasser, wenn sie Fieber hatten. Außer als die zwei Dirndln Blinddarmdurchbruch hatten, weiß ich bei meinen sechs Kindern sonst kein einziges Mal mehr, daß ich mit ihnen beim Arzt war.

Auch Pflaster hat man viel verwendet. Manche Bäuerinnen verstanden sich so gut drauf. Die verwendeten auch manchmal fünfundzwanzig verschiedene Mittel für so ein Pflaster. Das hat man etwa bei Kreuzschmerzen und Knochenbrüchen aufgelegt und Vielen hat das geholfen. Die Salbe für das Pflaster machte man aus Lärchenpech, aber auch Schweineschmalz verwendete man dazu.

Mein Vater war Jäger und hielt viel auf Wildfett. Da war der Hirschtalg und das Hirschschmalz. Er hatte immer gesagt: „Reibts euch die Füße und die Hände ein damit, da kriegts ganz eine feine Haut." Er sagte auch, wenn ein Lungenkranker einen Hund auffrißt, wird er gesund. Diese Mittel hat die Not gebracht.

Viele haben darauf vertraut, daß sie die Knochenteile von einem Tier in einen Ameisenhaufen eingegraben haben. War der Knochen ganz weiß abgenagt, dann hat das Heilung versprochen. Mein liebstes Heilmittel war mir immer die Kamille. Die wächst überall und gibt einen ganz guten Tee ab. Wenn es mir einmal nicht so richtig gutgeht und ich sehr müde bin, dann trink ich gern einen Tee, dann geht es auch schon besser.

Der Kohlenbrenner, wie wir ihn nannten, hatte auch viele wichtige Produkte für Heilmittel. Das war ein älterer Mann, der für den Schmied die Kohlen machte. Der kam zu uns ins Tal und baute aus dem schlechten Holz, das man sonst nicht verwenden konnte, einen Haufen. Den hat er genau aufge-schichtet, mit Kohllösch zugedeckt und dann ganz vorsichtig abgebrannt. Da war viel dran, was man brauchen konnte. Die Kohllösch hat man hergenom-men zum Bodendichten beim Hausbau. In dieser Kohllösch konnte sich kein Ungeziefer aufhalten. Auch im Garten gegen Unkraut streute man Kohl-lösch. Außerdem waren da drinnen keine Würmer oder Käfer, auch die Mäuse haben das nicht mögen. Das blieb immer ganz rein. Auch wir haben die Kohllösch für die Böden von unserem Haus verwen-det. Viel anderes gab es ja auch nicht. Wir mußten den Förster fragen, ob wir uns das Zeug holen durf-ten. Zahlen brauchten wir dafür nichts. Mit dem Ochsenwagen und Säcken holten wir uns dann die Lösch und füllten unsere Böden damit an.

Auch sonst gab es viele Abfälle, die man verwen-den konnte. Da war das Kohlpech. Wenn sich die Tiere irgendwo verletzt haben oder irgendwas ein-getreten haben, dann hat man das genommen. Wenn die Viecher die Kohlmaden gehabt haben, sind ihre Füße angeschwollen, ohne daß man einen Grund ge-wußt hatte. Das war eine schlimme Krankheit, bei der die Klauen auch abfallen konnten. Dann mußte man so eine Kuh schlachten. Wir haben uns da mit dem Kohlpech geholfen und den ganzen Fuß damit eingerieben.

Heute muß man nur den Tierarzt holen, wenn man das erkennt. Der kommt mit einer Spritze, und es geht wieder. Aber früher hat man ja den Tierarzt wegen so etwas nicht geholt. Ich weiß nur von einem einzigen Mal, da ist der Tierarzt zu einem Pferd gekommen, bei dem das Fohlen falsch gelegen ist. Gegeben hat es schon einen, aber den hat man nicht zahlen können. Es hat aber alte Bauern gegeben, die da ganz praktisch waren und sich auf Tiere gut verstanden haben. Wir haben da oft den Leopichl-Vater geholt, der kannte sich so gut aus.

Auch Kohlöl konnten wir vom Kohlenbrenner holen. Das hat bei Entzündungen zur Kühlung beigetragen. Auch bei Fieber war das bestimmt sehr gut. So hat man sich mit primitiven Mitteln helfen müssen, und oft ist das auch gelungen.

„Eine Mülltonne wäre zu dieser Zeit ein Fremdwort gewesen"

Nach meiner Übernahme von Haidegg ging es wohl langsam, aber immer etwas besser, so auch bei den Eßsachen. Nur der Rückschlag vom Jänner 1949 versetzte uns in große Schwierigkeiten. Wir mußten wieder ganz von vorne anfangen. Der noch kleine Viehbestand blieb uns aber erhalten, und mir gelang es, ein Mutterschwein zu züchten. Auch hatten wir schon einige Schafe.

Durch den größeren Viehbestand erzeugte ich Milch, Butter und Käse für den Eigenbedarf, später konnte ich auch schon etwas verkaufen. Wir bauten Kartoffeln an, von denen ich die aussortierten gut zum Schweinefüttern gebrauchen konnte. Mit Magermilch, Kartoffeln, Heublumen und Brennesseln durchmischt, war es ein gutes Schweinefutter. Es gibt bei uns viele Brennesseln. Im Sommer wurden sie fein geschnitten, für den Winter am Dachboden getrocknet und dann abgeriebelt. Die Muttersau fühlte sich mit diesem Futter wohl, und die Ferkel sind gut gewachsen und waren gesund.

In den folgenden Jahren konnten wir schon ein Schwein oder ein Schaf schlachten. Da konnte ich dann auch abwechslungsreicher kochen. Neben der Mehlspeiskost, die aus Krapfen, Mus, Polenta, Rohrnudel, Erdäpfelknödel und Knödel bestand, gab es ab und zu schon einen Braten. Zuerst nur am Sonntag oder Feiertag. Vorher gab es nur Knödel, im Winter mit Sauerkraut, im Sommer mit Salat. Sauerkraut hatten wir von selbst angebautem Weißkraut, das im Herbst fein geschnitten einsiliert wurde. Den ganzen Winter über aßen wir es jeden Tag zu Mittag, oft auch am Abend, vor oder zu den Mahlzeiten. Auch Schottsuppe und Milch wurde als Zugabe zu den Mahlzeiten gegessen.

Es war aber auch sehr wichtig, das Fleisch und den Speck zum Selchen herzurichten. Es gab noch lange keine Gefriertruhe und keinen Kühlschrank. Einmal planten Bäuerinnen, daß im Dorf eine Kühlanlage gebaut werden soll, aber das war nicht gut möglich, da auf den Oberberg noch keine Straße führte und man eineinhalb bis zwei Stunden Gehzeit hin und zurück rechnen mußte, um Gefrorenes zu holen. So wurde dieser Plan nicht ausgeführt.

Da wir keine Räumlichkeiten hatten, um das Fleisch und den Speck zu selchen, kauften wir uns einen Selchschrank. Nun ging es schon wieder besser. Wir hatten das ganze Jahr über geselchtes Fleisch und Speck, und ich konnte auch davon kochen. So ein Selchschrank ist sehr praktisch. Er stand in der Küche. Oben konnte man Fleisch hineinhängen, und unten in die Lade kamen Holzspäne oder Latschennadeln hinein, je nachdem, welchen Geschmack man dem Fleisch geben wollte. Das Selchfleisch wurde dann nicht als Fleisch gegessen, sondern mit irgendeinem Knödelteig vermischt. Dadurch wurden die Teigwaren schon etwas schmackhafter und besser, zuvor hatte man ja nur den bloßen Knödelteig. Auch zum Strudel mischten wir das Fleisch dazu. Das Fleisch wurde immer nur wo dazugegeben, nicht alleine gegessen. Man wollte halt nur das normal Gekochte strecken und den guten Geschmack dazugeben.

Einige Zeit, nachdem wir den elektrischen Strom erhielten, leisteten wir uns eine Gefriertruhe. Ich war sehr glücklich darüber. Es war nicht nur wegen des Fleisches, ich konnte auch viel Vorgekochtes hineingeben und noch so vieles andere. Vor allem an Tagen, an denen ich viel arbeiten mußte, konnte ich Vorgekochtes aus der Tiefkühltruhe viel schneller zu Mittag kochen. Der Speisezettel wurde dadurch immer abwechslungsreicher.

Von den Hühnern, die ich mir hielt, konnte ich Eier verkaufen und hatte dadurch etwas Haushaltsgeld. Die Hennen wurden mit Brennesseln und etwas Kleie gefüttert, natürlich auch mitunter mit Körndlfutter, vorwiegend Hafer. Die Kücklein züchtete ich auch selber, damals noch mit der Mutterhenne. Es war immer in allem Sparsamkeit höchstes Gebot. Es wurde alles verwertet und aufgebraucht. Eine Mülltonne wäre zu dieser Zeit ein Fremdwort gewesen. Ganz gleich, ob an Nahrungsmitteln oder an Kleidern – es wurde immer alles bis zum letzten aufgebraucht. Unter allen Leuten war noch viel mehr Zufriedenheit und Bescheidenheit vorhanden in diesen nun vergangenen Zeiten.

Der Haushalt wurde in den weiteren Jahren für mich immer schwerer. Ich war an Magengeschwüren erkrankt und mußte in der Arbeitsleistung nachgeben. Die Kinder gingen als Arbeitskräfte durch die Lehrjahre immer mehr verloren. Alle waren auswärts, und das kostete uns noch mehr Geld. Wir entschlossen uns nun, die Milch an die Molkerei zu liefern. Die Hühner gab ich auch auf, wir hatten noch die Rindviehhaltung und züchteten jedes Jahr ein paar Kälber, die übrigen Tiere wurden verkauft. Diese Umstellung brachte aber wieder mit sich, daß ich vieles einkaufen mußte. Kein Bauer in unserer Gegend hat noch umgeackert, wir auch nicht mehr. Kein Korn wurde mehr gesät, um selber Brot zu backen, und auch Kartoffeln wurden keine mehr angebaut. Nun wurde alles gekauft, das Mehl, Brot in allen Gattungen und sonst noch alles Drum und Dran. Sogar Butter und Käse wurden von der Molkerei wieder zurückgekauft. Bei der Bauernschaft ging zu dieser Zeit alles verkehrt. Kunstdünger verwenden war das Selbstverständliche, das man hörte und zu lesen bekam. Was dabei geschadet wurde und mitunter noch wird, an das dachte wohl keiner.

„Soviel Schnee war, daß mein Mann keinen Baum holen konnte"

Die ersten Weihnachten waren armselig. Es war aber auch nur ein Kind da, der Franzei. Mein Mann hat ein Schaf abgestochen, da hatten wir immerhin einen Braten. Christbaumschmuck bekam ich von der Frau Hoppenrath, meiner früheren Chefin, geschenkt. Baum hatten wir immer einen. Nur bei den zweiten Weihnachten war es schwierig. Soviel Schnee war, daß mein Mann keinen Baum holen konnte. Er hat gesagt, er sieht sich da nicht heraus, er kann bei dem Schnee nicht bis zur Alm gehen, einen Baum holen. Vom Nachbarn Ellbrunn kam die Tochter, die Kathi, öfter zu uns herüber, weil wir miteinander Brot gebacken haben. Wir hatten nämlich einen Backofen. Und die Kathi fragte mich, ob ich keinen Christbaum hätte. „Nein", sagte ich, „bei dem tiefen Schnee holt mir mein Mann keinen, weil er nicht Schi fahren kann, und jetzt haben wir halt einmal keinen Baum." „Nein", sagte sie darauf, „das gibt es nicht, da muß ich dir einen holen!" Und wirklich, sie nahm ihre Schi und brachte mir einen Christbaum. Es waren dann auch ganz liebe Weihnachten. Mein Mann ging trotz dem vielen Schnee in die Kirche hinunter, und der Franz, der Älteste, sagte, daß er dem Vater entgegengeht, wenn er heraufkommt. Aber er blieb mitten im Feld im Schnee stecken, und ich mußte hinunter, den Buben herausholen. Das war eine mühsame Arbeit!

Dann wurde es zu Weihnachten jedesmal ein bisserl mehr, es gab dann auch schon Geschenke. Ich strickte Socken für die Kinder, und solche Handarbeiten bekamen sie dann zu Weihnachten.

Einmal war's, daß wir uns ein Grammophon kauften, ein Trichtergrammophon. War das eine Freude bei den Kindern! Zuerst wußten sie es ja nicht, und wir glaubten auch nicht, daß wir es noch rechtzeitig kriegen. Aber mein Ziehbruder, der Leonhard, war Briefträger, und der brachte noch am späten Nachmittag das Grammophon zu uns herauf, obwohl der Schnee ganz hoch lag. Was hatten wir für eine Freude. Wir hatten auch die Platte für „Stille Nacht" dazu! Das waren richtig schöne Weihnachten. Gekauft wurde sonst nichts, auch den Kindern nicht. Den kleinen nicht und auch nicht den größeren. Aber mit dem Grammophon waren alle zufrieden. Erst als sie dann in die Lehre kamen, bekamen sie andere Sachen geschenkt, die sie brauchten.

„Mit Krediten paßten wir immer auf"

Mit dem Geld war das auch so eine Sache. Am Anfang hatten wir ja überhaupt keine Möglichkeit, an Geld heranzukommen. Wir haben nur das gehabt, was ich als Sennerin erspart hatte. Später bekamen wir Geld durch die Viehzucht, weil wir Kälber verkaufen konnten; und dann, das muß auch einmal gesagt werden, daß auch wir Bauern die Kinderbeihilfe erhalten haben! Dieses Geld half uns sehr, damit konnten wir uns auch schon leichter etwas kaufen. Weiters konnten wir alle Jahre das Servitutholz beziehen und manchmal auch verkaufen.

Zum Hausausbauen reichte das Geld aber nie aus. Es kamen immer wieder so notwendige Anschaffungen an Maschinen auf uns zu, daß das immer zurückstehen mußte. Mit Krediten paßten wir immer auf, weil wir als Bergbauern Angst hatten, wir könnten wegen eines Unglücks die Zinsen nicht zurückzahlen und die Zinseszinsen erst recht nicht mehr.

Es war auch noch nicht so üblich, Gäste auf dem Hof aufzunehmen, und daher hatten wir da keinen Nebenerwerb. Andere Bauern nutzten schon die Möglichkeiten zum Nebenerwerb, oder sie hatten schon Gäste und konnten sich so das Hausausbauen leisten. Es war auch sehr schwer in unserem Holzhaus, eine Zentralheizung einzubauen. Das hätte sehr viel Geld gekostet. Unsere Gäste, die Kölner, bezahlten zwar für die Benützung der Almhütte, oder sie verrichteten notwendige Arbeiten, die das dann abgegolten haben.

Schwere Zeiten
und Wende zum Guten

„Der Arzt konnte fast nicht kommen,
soviel Schnee lag"

Als im Herbst 1953 das fünfte Kind kam, löste sich bei dieser Geburt trotz größter Bemühungen der Hebamme die Nachgeburt nicht. Im letzten Augenblick, ich war nicht mehr bei Bewußtsein, kam der Arzt Dr. Aufmesser. Er war ein sehr flotter Berggeher und daher mein Lebensretter. Es war um Mitternacht, und zur damaligen Zeit gab es erst vom Dorf aus ein Telefon. Er kam mit dem Auto von Radstadt nach Filzmoos und mußte den Weg zu uns auf den Berg gehen.

Es gab noch keine Straße. Nach dieser Geburt war ich sehr schwach. Die „B'seherin", die Nagl-Lies, hatte nur sechs Tage Zeit zum Dableiben. Als sie wegging, mußte ich alles wieder alleine machen. Sie hatte schon wem anderen ihr Kommen versprochen. Da ist es mir richtig schlechtgegangen. Ich kann mir jetzt gar nicht vorstellen, daß das alles möglich war. Bei stärkeren Arbeiten zitterte ich am ganzen Körper, besonders auch bei den Stallarbeiten. Die Melkarbeit machte mir nie Schwierigkeiten, aber zu dieser Zeit bewältigte ich sie nur sehr schwer. Immer wieder hatte ich mit Schwächeanfällen zu kämpfen.

Im Sommer 1954 erkrankte das 1952 geborene Mädchen an Blinddarmentzündung. Bis der Arzt kommen konnte, hatte Barbara schon einen Durchbruch. Sie konnte aber nicht mehr operiert werden. Mit argen Schmerzen brachte man sie ins Tal, von dort mit der Rettung ins Spital. Es verging mit allem viel Zeit, bis sie endlich dort war. Barbara war lange im Spital und sehr krank. Beim Besuch durften wir sie nur durch ein Fenster sehen und mußten darauf achten, daß uns das Kind nicht bemerkt. Nach fast drei Monaten durften wir sie heimholen. Sie war noch sehr schwach und konnte fast nichts mehr reden. Erst nach langer Zeit ging es wieder aufwärts. In diesem Sommer half uns ab und zu Herr Sieberer, ein Bundesbahnangestellter vom Gasthofberg. Wir waren sehr froh über seine Hilfe.

Im August 1955 kam das sechste Kind, die Steffi, wieder ein Mädchen, auf die Welt. Die Geburt ging gut vorüber, und ich konnte nach wenigen Tagen meine Arbeit wieder bewältigen. Aber nach sechs Wochen wurde ich sehr krank. Wohl durch eine Verkühlung bekam ich Angina. Hohes Fieber, die Schwäche und Schmerzen brachten mich ins Bett. Ich hatte das Gefühl, es geht mit mir zu Ende. Aber der Gedanke an die Kinder, das Kleinste erst sechs Wochen, mein großes Gottvertrauen und wohl auch die ärztliche Hilfe brachten mir Mut und Kraft. Ich habe auch diese Krankheit überstanden und wurde wieder gesund.

Im Februar 1956 erkrankte Maria, das zweite Mädchen, 1953 geboren, auch an Blinddarmentzündung. Es war gerade ein schreckliches Sturmwetter. Der tüchtige Arzt Dr. Aufmesser konnte zu uns herauf fast nicht durchkommen, so sehr tobte der Sturm. Es war nicht daran zu denken, mit dem Kind ins Freie zu gehen, und der Arzt hoffte, daß es noch bis zum anderen Tag durchhält.

Als dann der Arzt kam, es war noch immer stürmisches Wetter, stellte er bei Maria Blinddarmdurchbruch fest. Sie mußte sofort ins Spital. Bis ins Dorf mußte sie getragen werden, mit der ganzen warmen Umhüllung wegen des Sturmwetters. Auch die Rettung konnte wegen den Verwehungen und starken Schneefällen schlecht durchkommen, und so verging viel Zeit.

Es wurde dann sofort operiert, aber es wäre beinahe zu spät gewesen. Nach ein paar Tagen mußte dann Maria wieder wegen Darmverschluß operiert werden, als sie dann halbwegs außer Gefahr war, bekam sie Gelbsucht. Wir bekamen ein Telegramm, daß das Kind zum Sterben ist. Mein Mann fuhr sofort ins Spital. Maria wurde auf den Gang gebracht und meinem Mann gesagt, er könne bei ihr bleiben, bis sie verstorben ist. Aber mein Mann mußte mit dem letzten Zug in der Nacht heimfahren. Maria lebte noch. Am Tag darauf erhielten wir ein Telegramm, daß das Kind noch lebt und es sogar etwas besser geht.

Es ging tatsächlich wieder langsam aufwärts. Nach langem Spitalsaufenthalt konnten wir Maria wieder heimholen. Sie war schon noch sehr schwach und mußte alles wieder lernen, gehen und sprechen. Mit viel Geduld und Ausdauer wurde Maria wieder gesund.

Das Jahr 1957 brachte viel Freude, aber auch Leid. Zu meiner großen Freude bekamen wir von der SAFE Licht und Strom. Wir kauften dann einen Elektromotor und eine Seilwinde. Die Ernte unterm

Haus brachten wir schon ohne Kuh- und Ochsengespann herauf. Das war eine große Erleichterung. Eine Kreissäge zum Brennholzschneiden konnten wir uns auch noch kaufen. Ich brauchte nicht mehr mit meinem Mann mit der Zugsäge Holz zu sägen und noch so vieles andere. Auch für die Güterseilbahn wurde Strom installiert. Vorher gab es bloß einen Dieselmotor, den nur starke Männer in Gang setzen konnten.

„Von der Müdigkeit überwältigt, legte ich mich oft mit nassen Kleidern ins Bett"

Es kam aber zu der Zeit wieder ein großes Leid. Mein Mann und der Nachbar hatten sich nie gut verstanden. Der Nachbar hatte sich im Dorf angetrunken und wurde mit der Güterseilbahn hinaufbefördert. Er ging dann in sein Haus, nahm einen langen Haselnußstecken, kam zu uns herauf in die Küche, rebellierte und schlug uns alle durcheinander. Die Kinder haben geschrien und furchtbare Angst gehabt. Sie sind unter Tisch und Bänke geflüchtet. Eines stand im Herrgottswinkel und hat übers ganze Gesicht geblutet.

Ich nahm das Kleinste aus dem Gitterbett auf den Arm und er versetzte mir Fußtritte in den Bauch. Ich war im vierten Monat schwanger und verlor dann das Kind. Da war ich siebenundvierzig Jahre alt. Mein Mann hätte noch gern mehr Kinder gehabt, aber es ist dann nicht mehr gegangen. In der Rauferei hat der Nachbar meinem Mann drei Rippen angesprengt, aber der konnte noch ärztliche

Hilfe holen. Darauf kamen dann ganz schwere Zeiten und Jahre. Ich war geschwächt von der vielen schweren Arbeit, von den Geburten und dem Abortus. Ich konnte alles nicht mehr verkraften und bin körperlich und seelisch zusammengebrochen. Von meinem Mann hatte ich sehr darunter zu leiden, daß ich kein Kind mehr bekommen konnte. Ich verfiel in Schwermut und Depressionen und ging mit Selbstmordgedanken herum. Eines Nachts war ich schon auf dem halben Weg zur Bahnstation und wollte mich unter den Zug legen, aber ein Lichtstrahl und der Gedanke an die Kinder mahnten mich zur Umkehr. – Damals bekam ich Magengeschwüre. Daran litt ich jahrelang. Bis 1966.

Von 1959 bis 1966 hatte ich im Sommer auch die Almwirtschaft samt Milchverarbeitung und auch die Arbeit daheim zu leisten. Nach getaner Arbeit am Vormittag auf der Alm ging ich zum Heimgut Mittagessen kochen, und dann kam bei Schönwetter die Feldarbeit und bei Schlechtwetter die Gartenarbeit dran. Um halb fünf herum kam ich wieder zur täglichen Abendarbeit auf die Alm. Bei Schlechtwetter war ich oft bis auf die Haut durchnäßt, legte mich aber durch die Müdigkeit überwältigt mit den durchnäßten Kleidern ins Bett.

Einige Tage hatte ich nasse Kleider am Körper, bis sie wieder von selbst trocken wurden. Gott sei Dank bekam ich dadurch keine Gicht oder Rheumakrankheit. Die jüngeren Kinder blieben bei der Arbeit bei mir, die älteren Kinder, die Buben, mußten in den Ferien und schulfreien Tagen daheim mitarbeiten. Die Älteste hat mir im Alter von zehn bis vierzehn Jahren schon viel Arbeit abgenommen,

95

wenn ich vor Schwäche und Magenschmerzen nicht mehr fähig war, die Arbeit fertigzumachen.

Bei Untersuchungen und Magendurchleuchtungen wurde mir von den Ärzten immer gesagt, ich müßte zur Operation ins Spital. Es wurde aber immer wegen der Arbeit gezögert. Die drei Mädchen gingen noch zur Schule, und von den Buben war einer im Studium und zwei waren in ihren Lehrstellen.

Ein Grund, warum ich noch warten mußte, war auch, daß erst am 1. April 1966 die Bauernkrankenversicherung in Kraft getreten ist. Vorher war immer die große Sorge, wie wir die Spitalskosten bezahlen sollten. Wenn dieses große Glück nicht schon am 4. April 1966 gewesen wäre, ich glaube, dann hätte ich sterben müssen.

An dem Tag hatte ich einen Magendurchbruch. Es wurde sofort der Arzt geholt, und der kümmerte sich, daß die Rettung kam. Die konnten zur damaligen Zeit, weil die Straße noch nicht ausgebaut war, erst bis zum Reithof fahren. Bis dorthin mußte mich mein Mann auf dem Holzziehschlitten mit dem Pferd bringen. Es war eine schreckliche Fahrt. Teilweise lag noch hoher Schnee. Das Pferd trat tief durch und riß dann wieder stark am Schlitten. Ich war nicht mehr immer bei Bewußtsein und mußte auf dem Schlitten festgebunden werden.

Als der Rettungswagen beim Reithof vorbeifuhr, kam auch gleich die Reit-Mutter, die immer eine liebe, gute Nachbarin zu uns war. Sie drückte mir hundert Schilling in die Hand mit den besten Wünschen zum wieder Gesundwerden. Da ich während der Fahrt ins Landeskrankenhaus in Salzburg nicht immer bei Bewußtsein war, kam mir das Geld aus dem Sinn.

Im Landeskrankenhaus angekommen, war der Lift schon da, und ich kam gleich in den Operationssaal. Ärzte und Schwestern standen schon am Operationstisch bereit. Für das alles muß wohl mein guter Hausarzt Dr. Aufmesser vorgesorgt haben.

Und was war nach der Operation? Ich war klinisch tot. Nie in meinem Leben hatte ich vom klinischen Tod gehört oder gelesen. Erst einige Zeit nachher erfuhr ich, daß dies schon mehreren Leuten passiert ist. Erst wollte ich es niemandem erzählen, sondern immer für mich behalten. Ich dachte, es würde mir gesagt: „Die hat geträumt" oder „Die spinnt ja."

Das wollte ich nicht, denn es war mir immer ein schönes und teures Erlebnis. Zuerst sah ich ein ganz schwarzes Loch, aus dem kamen vier schwarze, ungestüme Rosse mit feuersprühenden Nüstern. Es sah ganz grausam und schrecklich aus. Nach und nach verschwand das Schreckliche, und es kam eine Herrlichkeit, die zu schildern oder zu beschreiben man nie imstande wäre. Das Licht, die Farben und die Glückseligkeit, in der man sich fühlt, kann man, wie gesagt, nicht ausdrücken. Ein Bächlein mit silbrigem Wasser rann gemächlich dahin. Nebenan waren wunderbare, bemooste Steine. Ich hatte das Gefühl, mich auf einen Stein zu setzen und diese Herrlichkeit zu betrachten.

Langsam entschwand das Wunderbare, und ich lag wieder im Spitalsbett. Es war mir erst gar nicht recht. Eine Zeitdauer kann man über solches Glücklichsein gar nicht angeben. Ich sah keine Engel mu-

97

sizieren, auch keine Angehörigen oder Bekannte. Es war eine beglückende Ruhe – wie gesagt: Alles in allem unbeschreiblich.

„Schon bald erlebte ich viel Freudiges"

Wie kam es nachher? Ich wurde ein anderer, neuer Mensch. Es war für mich, wie neu geboren zu werden. Ich hatte nun mehr Zeit, über vieles nachzudenken, und erlebte schon bald viel Freudiges. Nach der Operation ging es mir mit jedem Tag besser, wenn mich auch zuerst niemand verstehen konnte, da ich durch die Schwäche keine Stimme mehr hatte. Aber auch das besserte sich bald. Es war gerade in der Karwoche. Am Montag war die Operation und am Karfreitag bekam ich das erste Essen, eine Kartoffelsuppe. Die hat mir sehr gut geschmeckt, und ich habe mich darüber gefreut.

Über meinen ersten Besucher habe ich mich auch gefreut. Es war der Rettungsfahrer, und er gab mir die hundert Schilling von der Reitmutter, die hatte ich im Rettungswagen verstreut. Die erste Besucherin war die Diplomkrankenschwester Kathi Lanbichler – wie habe ich mich gefreut! Auch über die nachfolgenden Besuche: Über meine Ziehschwester Anna und Lois, ihren Gatten, die liebe Familie Falkensteiner und meinen Ziehbruder Lois! Einige sind mir wohl aus dem Gedächtnis gekommen. Gefreut habe ich mich über alle.

Die Schwester Oberin hat mir sogar erlaubt, daß mich meine beiden Söhne, Franz und Josef, jeden Tat nach achtzehn Uhr besuchen durften. Sie waren beide in Salzburg, Franz im Studium und Josef in der Tischlerlehre. Die Schwestern und das Pflegepersonal waren alle lieb und nett. Die Schwestern sagten sogar: „Na, so brave Buben, die jeden Tag ihre Mutter besuchen."

Am 21. April 1966 konnte ich aus dem Spital. Ich war wohl noch sehr schwach. Die Familie Falkensteiner holte mich ab und nahm mich auf. Da erholte ich mich recht gut. Am 1. Mai 1966 brachten sie mich nach Hause. Die drei Mädchen freuten sich sehr.

Und mein Mann? Er ging von seiner Arbeit im Stall nicht weg, kam erst nach langer Zeit wieder ins Haus herein, und die Begrüßung war ganz kühl. Er sagte nur: „Ah, bist a wieder da." Es machte den Eindruck, es paßte ihm gar nicht. Wäre ich noch so gewesen wie vorher, ich hätte sicher über sein kühles Verhalten geweint. Aber so dachte ich gar nicht darüber nach. Durch alle anderen Freuden, die ich erleben durfte, war ich ja schon ein anderer Mensch.

Das ging auch so weiter. Mein Mann hielt mir immer wieder vor, daß ich ihm nicht mehr folge, ihn ignoriere und alles irgendwie gleichgültig hinnähme. Die Schuld an meinem Anderssein gab er meiner Jugendfreundin Kathi Ledl und meiner Ziehschwester Nannei, da ich jetzt zu denen öfters hinkam. Unser Zusammenkommen wollte er schon vorher nicht, und ich hatte mich oft an sein Verbot gehalten. Aber nun ging ich zu den zweien, ohne ihn zu fragen, ob ich darf. Und wenn ich heimkam, war er böse.

Aber für mich war nun das Leben schön. Ich wurde wieder ganz gesund und hatte guten Mut und viel Freude. Die Kinder waren alle ordentlich und fleißig. Die Söhne waren aus der Schule, der Lehre und dem Militär schon heraußen, und die Mädchen gingen noch zur Schule und in die Lehre. Alle drei kamen nach Salzburg. Mein Mann ging im Frühjahr 1967 in Arbeit; zuerst zu Spöttl in Filzmoos und ein Jahr später zum Loden-Steiner nach Mandling. Die Arbeit wurde für mich schwerer, da ich dann einige Jahre ganz allein am Hof war, bis der zweitälteste Sohn wieder von seiner Berufsjägerlehre heimkam, welche er später noch weitermachte.

„Diese Leute aus Köln waren die ersten Touristen, mit denen wir Kontakt hatten"

Als Ersatz für meine Kinder, die nicht mehr daheim waren, kamen 1968 junge Leute aus Köln auf unsere Almhütte. Die Alm selbst wurde nun mit Jungrindern besetzt, aber die Hütte stand diesen jungen Leuten zur Verfügung. „Die Kölner", wie wir zu ihnen sagen, kommen zu jeder Jahreszeit.

Diese Leute aus Köln waren die ersten Touristen, mit denen wir direkten Kontakt hatten. Sie kamen im Winter zum Schifahren, obwohl da noch nicht viel zum Schifahren war. Sie waren eine ganze Gruppe von Fünfzehn- bis Sechzehnjährigen, und der Pater Grab war dabei. Auch als der Verein und die Verbindung mit dem Pater nicht mehr bestand, blieben doch einige hängen und sind immer wieder gekommen. Ein anderer Pater aus Deutschland war zuvor auf der Nachbaralm, und der entdeckte, daß unsere Almhütte leergeblieben ist, weil ich ja nicht mehr zum Melken hinübergegangen bin. Und der hat gefragt, ob sie das nicht benutzen dürften.

Es wurden nette Bekanntschaften, auch mit den Eltern, die nun auch ihren Urlaub in Filzmoos verbringen: Im Sommer Wandern und Bergsteigen und im Winter Schi fahren. Mit den Burschen und Mädchen ist es oft sehr lustig. Es sind alles liebe Leute. Wie meine Kinder sind sie zu mir. Im Sommer machen wir zusammen Almwanderungen und kleine Bergtouren und gehen Beeren und Schwämme suchen. Im Herbst muß für das Brennholz gesorgt werden. Das machen sie auch für mich. Gratis! Für sie ist das ganz selbstverständlich. Im Winter fahren wir zusammen Schi. Ob alpin oder Langlauf, ist egal. Langlaufen in die Ramsau am Dachstein, da sind so schöne Langlaufloipen und viele nette Bekannte.

Wir hatten oft einen Riesenspaß, sie filmten und photographierten auch viel. Und sie erzählten viel von ihren Urlauben, die sie im Ausland gemacht haben. Das interessierte mich immer, und ich habe sehr gern zugehört.

Einmal haben sie mich auf drei Wochen nach Köln eingeladen. Sie nahmen mich mit dem Auto mit und führten mich in Köln jeden Tag herum, in Museen und Ausstellungen. Wir fuhren auch nach Brügge ans Meer. Ich hatte ja keinen Badeanzug und nichts! Da habe ich mir die Socken ausgezogen, den Rock raufgesteckt und bin so im Wasser herumgestiegen. Das waren schöne Erlebnisse, bei denen wir auch viel lachten.

Zuvor war ich nur einmal im Ausland, mit meinem Sohn Sepp in Südtirol. Aber diese Zeit in Köln war eigentlich mein erster Urlaub. Wir fuhren auch zur Mosel, in eine Weingegend. Ich habe durch die „Kölner" wieder viel Einblick in Sachen bekommen, über die ich früher in vollkommener Unkenntnis war. Ich würde viel vermissen, wenn ich das nicht erleben hätte können.

Als ich zurückkam, ist mir mein Filzmoos schon ganz anders vorgekommen. Für mich wurde ja dadurch alles erweitert, mein ganzer Horizont und alles. Schon in der Schule war es für mich so ein großes Glück, wenn ich mit dem Staberl auf der Landkarte herumfuhr und mir vorgestellt habe, wie schön das sein würde, wenn man da überall hinfahren könnte. Das waren schon zur Schulzeit Wunschträume. Daß sich diese in meinem hohen Alter erfüllten, schätze ich schon sehr. Auch in Österreich war ich schon in jedem Bundesland.

So gingen schöne Jahre dahin, bis mein Mann im Oktober 1975 in Pension ging. Da mußte ich nun meinen ganzen Mut zusammennehmen und an meiner Selbstwertschätzung festhalten, weil er erneut versuchte, mich wieder in die Zange zu kriegen. Zu seiner Eifersucht auf mich mußten auch die „Kölner" herhalten.

Im Jahr 1976 fing die Krankheit von unserem Sohn Josef an. In seinem ganzen Leben vorher war er außergewöhnlich gesund. Im Schulalter, wenn seine Geschwister Verkühlungen oder Grippe hatten, war er gesund und hat sie betreut. Ihn hat nie etwas angefochten. Er hat nicht geraucht und auch nicht getrunken. Er war ein herzensguter Mensch, immer lustig und guten Mutes. Es begann mit Verkühlungen und Durchfall, in längeren Zeitabständen. Aber es verschlechterte sich die Krankheit dann immer mehr und mehr, und er ist am 26. Dezember 1981 gestorben. Wir haben alle alles getan, um ihn wieder gesund zu kriegen: Spitäler, Operationen und Heilpraktiker. Alles half nichts. Er hatte Lymphdrüsenkrebs. Das waren traurige Weihnachten für die ganze Familie. Um diese Jahreszeit muß ich bis heute sehr kämpfen, um meiner Traurigkeit Herr zu werden.

„Vielleicht war ich nie geeignet zum Heiraten"

Nun kam das Jahr 1983. Im Frühjahr kaufte mein Mann eine kleine Landwirtschaft in Vöcklamarkt für die zweite Tochter Maria. Da sie aber keine Freude an der Landwirtschaft hatte und ihr Mann einen guten Posten hatte, gingen sie nicht hin. Ganz freiwillig, ohne irgendeine Auseinandersetzung zog mein Mann am 27. Oktober dorthin. Alles ging ganz ruhig und still vonstatten. Das war für mich eine Erlösung. Vorher hätte ich mich das nie zu denken getraut. Ich spürte eine Erleichterung und habe mich sehr gefreut. Nun hatte ich meine schon lang ersehnte Freiheit. Ich konnte tun und lassen, was mir behagte, und konnte Wanderungen und Bergtouren machen, Schi fahren und auch Besuche bei Bekannten oder Verwandten auch nach auswärts machen. Versäumte ich Arbeit, konnte ich sie, je nach meinem Heimkommen, in der Nacht erledigen.

Vielleicht war ich nie geeignet zum Heiraten, schon durch meine Selbständigkeit, zu der ich erzogen wurde. Da wurden nicht viele Geschichten gemacht. Was ich zu machen hatte, mußte ich ordentlich machen, sonst hat es niemanden gekümmert.

Ich war auch ganz selbständig, was das Vieh anbelangte. Ich machte meine Sachen in der Arbeit ganz alleine. Wenn einer sagte, das mußt du so oder so machen, dann war es bei mir aus. Diese Selbständigkeit war angeboren – oder doch angelernt? Erdbeerbrocken in einem Holzschlag, noch unter zehn Jahren, mußte ich auch alleine.

Mit meinem Mann war es daher auch schwierig, weil er mir meine Selbständigkeit nicht lassen wollte. Ich sagte ihm auch immer, daß er mir leid tut, weil er die Frau nicht hat, die er sich vorgestellt hatte. Die Trennung von meinem Mann ging so still vonstatten, daß sogar ich ganz überrascht war, wie er dann plötzlich weggegangen ist. Auch die Nachbarn haben vorher nichts bemerkt, weil wir ja auch nicht gestritten haben. Der Schwiegersohn ist gekommen, er hat sein Zeug aufgeladen, die Schafe und die Bienen, und ist weggefahren. Er ging niemandem so richtig ab, weil er selten unter den Leuten war. Er ist in einem gewissen Sinn gar nicht angenommen worden, weil er ein Auswärtiger war. Auch in dieser Hinsicht hatte er es nicht leicht. Das war früher sehr schwer, und er gehörte nie dazu. Er wußte das und fühlte sich auch so.

Ich könnte einem jungen Menschen, welcher von Kind auf solche Selbständigkeit besitzt, nur raten, nicht zu heiraten.

„Auf den steilsten Hängen ging es mit Spitzkehren ganz gut"

Nach meinem vierzehnten Lebensjahr durfte ich nicht mehr Schi fahren. Für Mädchen war das nicht erlaubt. Dabei bin ich so gern Schi gefahren. Ein Grund war auch der, daß man mit vierzehn aus der Schule und in eine neue Altersstufe gekommen ist. Man glaubte, daß Mädchen in diesem Alter mit den Männern nicht mehr zusammen sein sollen, und beim Schifahren wäre das der Fall gewesen. Es war einfach ab vierzehn verboten. Wir fragten auch nicht. Mit dem Fragen war das so: Das, was gesagt wurde, das akzeptierte man auch. Da gab es kein „Warum?" Außerdem hätte ich nach der Hofübernahme keine Zeit mehr zum Schifahren gehabt.

Hinter unserem Haus wurde im Jahre 1976 ein langer Schlepplift gebaut, der sogenannte Rettensteinlift. Ich ging immer zum Lift hin und schaute den Schifahrern, die da mit zwei Stöcken schwungvoll vorbeifuhren, zu und dachte mir, daß ich das nie erlernen kann. Ich bewunderte sie und schaute gern zu, wie sie da herunterfuhren.

Mein Sohn Franz, der staatlich geprüfter Schilehrer ist, sagte einmal zu mir: „So Mama, jetzt lernst auch wieder Schi fahren." „Na", sagte ich, „das geht jetzt nicht mehr." Ich müßte alles wieder so haben, wie ich es beim Schulschifahren gehabt habe: einen langen Haselnußstecken, Faßdaubenbrettln, draufgenagelte Flaserschuhe als Bindung und den langen Kittel. Aber er meinte, daß ich mich mit dieser Ausrüstung nicht auf der Piste sehen lassen darf.

Gleich kauften mir die beiden Söhne eine komplette Schiausrüstung, und schon ging der Franz mit mir auf die Piste. Von uns weg geht der steilste Hang vom ganzen Lift hinunter zur Talstation. Na also, er packte mich am Kragen beim Anorak und riß mich herum, ich hörte ihn immer nur schreien: Stock–Schwung,

105

Stock–Schwung! Den ganzen Steilhang bugsierte er mich hinunter. Ich schwitzte, spürte das Wasser vorn und hinten runterrinnen und schlotterte in den Knien. Bei der Talstation war ich total erledigt.

Dann fuhr ich doch wieder mit dem Schleiflift hinauf zur Bergstation. Das ging ohne Schwierigkeit. Aber hinunter, sagte ich zu meinem Sohn, fahr ich allein, er kann schleunigst verschwinden zu seinen Kursleuten. Nun probierte ich mein Schulschifahren, und ganz langsam, mit Spitzkehren auf den steileren Hängen, kam ich zu unserem Haus hinunter. Am Ende war ich ganz müde und matt: alles in die Ecke gestellt und aus! Mein fester Entschluß war, nie wieder Schi zu fahren.

In den Tagen darauf kamen immer wieder Schifahrer zu unserem Haus. Es gab damals noch keine Hütte auf der Piste. Sie hatten Durst oder andere Bedürfnisse, und ich hörte sie immer nur reden: „Ach, wie schön das Schifahren geht, das Wetter ist so schön, und der Schnee ist wunderbar." Alles war halt so wunderbar. Da regte sich in mir schon wieder die Leidenschaft zum Schifahren, und ich machte mich ganz allein auf die Piste. Nun war der Steilhang vor mir. Etwas zaghaft, aber ich war doch fest entschlossen und machte wieder Spitzkehren.

Bald hatte ich den Steilhang hinter mir, und ich kam zur Talstation hinunter. Mein zweiter Sohn, Hans, der beim Lift angestellt war, schaute mich ganz groß an und sagte: „Hoi, jetzt ist sie doch wieder da!" Ich hatte geschworen, nie wieder Schi zu fahren. Nun wollte ich allein mit dem Schleiflift zur Bergstation fahren. Er gab mir den Bügel hin, und ich kam problemlos hinauf. Also wieder hinunter.

Auf den steilsten Hängen ging es mit Spitzkehren ganz gut, aber ich probierte auch schon, Schwünge zu machen. Jede Fahrt ging dann besser und besser, und ich war wieder die begeisterte Schifahrerin. Wenn der Lift um vier, halbfünf gesperrt wurde, dann fuhr ich auf unserer Leiten oberm Haus im Tiefschnee, bis es vollkommen dunkel wurde.

Auch bei Mondschein war es so schön. Wenn ich dann nach Hause kam, waren die Buben vom Lift schon längst daheim, saßen in der Küche und jammerten, daß ihnen kalt war und die Mama jetzt deppert geworden ist, jetzt kriegen sie zum Essen auch nichts mehr. Bei dieser, meiner zweiten Schilehrzeit war ich achtundsechzig Jahre alt. Da hatte ich auch schon die Zeit dazu, Schi zu fahren, um die Söhne mußte ich mich ja nicht mehr unbedingt kümmern. Das war eine Leidenschaft, die war bei mir im Kopf und im Körper drinnen, und da kannst dabei krummgehen, das interessiert dich dann gar nicht.

Auch mit den Gästen, den „Kölnern", ging ich oft Schi fahren, und das waren immer herrliche und lustige Tage.

Bis der 21. Februar 1991 kam. An dem Tag fuhr ich wieder viel und ausgiebig, auch noch die letzte Fahrt, bevor der Lift zusperrt. Ich wählte dabei eine Abfahrt, die ich nicht kannte, kam dabei auf eine Eisplatte, stürzte zum Hang hin, und der Oberschenkelhalsbruch war perfekt. Eine Frau legte ihre Schi ab und brachte mich über den Steilhang hinunter. Die Frau sagte nur, sie sei aus Wien. Alles gute Zureden meiner Verwandten, zum Arzt zu gehen, nützte nichts. Ich wollte nach Hause und meinen Fuß mit Hausmitteln ausheilen. Es half nichts.

In der Nacht bekam ich arge Schmerzen, und ich war erleichtert, als ich in der Früh mit der Rettung ins Unfallkrankenhaus gebracht wurde.

Nach der Operation konnte ich bald wieder zurück nach Hause kommen, natürlich mit zwei Krücken. Der Arzt sagte, ich dürfe nach der Operation Langlaufen, aber nicht mehr Schi fahren. Aber meine Söhne haben mir die Schi versteckt und das Langlaufen verboten. Nicht so gut ging es mir nach der zweiten Operation, als mir die Schrauben wieder herausgenommen wurden. Ich mußte lange mit dem Stock gehen und hatte auch Schmerzen dabei.

Zu meiner großen Freude ging es mir Gott sei Dank aber bald wieder besser, und ich kann wieder Wanderungen machen auf die Almen, auf die Berge und überhaupt in die schöne Natur.

Zur Entstehung des Buches

Als Bearbeiter dieses Bandes habe ich mir anfangs die Frage gestellt, ob die Zeit, auf die sich der Inhalt bezieht, historisch interessant genug ist, um in dieser Reihe zu erscheinen. Schließlich beginnt die Autobiographie erst mit dem Jahr 1946. Und die Zeit seither haben viele Leser dieses Buches schon sehr bewußt miterlebt. Warum also darüber schreiben?

Meine Zweifel haben sich schnell in Erstaunen verwandelt, Erstaunen darüber, welch radikale Veränderungen im Alltagsleben innerhalb dieser doch recht kurzen Zeitspanne stattgefunden haben. Von solchen Veränderungen berichtet die Lebensgeschichte der Bergbäuerin Barbara Passrugger explizit, und sie lassen sich implizit in ihren persönlichen Erlebnissen wiederfinden. Zur Illustration des Wandels sei auch auf die beiden Abbildungen von Filzmoos verwiesen, die sich auf der ersten beziehungsweise letzten Seite finden.

Es ist nicht übertrieben, die Behauptung aufzustellen, in Filzmoos habe sich von 1946 bis heute mehr verändert als seit der Entstehung des Ortes bis 1946. Die Umstände, unter denen Barbara den Hof übernimmt und einige Jahre dort ohne Strom, Licht und Wasser lebt, erinnern uns eher an längst vergangene Zeiten als an den Anfang der fünfziger Jahre. Barbara beschreibt, daß bei ihrer Rückkehr Filzmoos dasselbe ruhige, stille Dörfchen war wie eh und je. In der Tat hat sich auch die Infrastruktur des

Ortes von seiner Entstehung bis zu Barbaras Rückkehr weniger verändert als in den dreißig Jahren danach. Es wäre allerdings zu einfach, diese Entwicklung allein auf den Fremdenverkehr zurückzuführen, der vor allem in den sechziger Jahren voll einsetzte und bis heute eine wesentliche Rolle spielt. Die Veränderungen durch den Tourismus konnten nur durch die sie begleitenden technischen Entwicklungen greifen. So sieht Barbara einen logischen Zusammenhang zwischen Straßenbau und Elektrifizierung einerseits und dem Erscheinen der ersten Feriengäste andererseits. Auch die Konstellation von technischen Innovationen in der Holzwirtschaft, freiwerdenden Arbeitskräften und beginnendem Wintertourismus verweist auf solche Zusammenhänge.

Ist es ein Zufall, daß die Erfindung der Motorsäge und der Einsatz von Traktoren in der Forstwirtschaft mit dem Bedürfnis nach Schipisten zusammenfällt? Oder hat der Umstand des technischen Fortschritts das Bedürfnis erst zur Möglichkeit werden lassen? Barbara berichtet, daß der Holzpreis noch in den fünfziger Jahren so schlecht war, daß es sich nicht auszahlte, abzuholzen und zu verkaufen. Der Holzpreis zieht erst an, als auch Motorsägen verwendet werden. Die Arbeitskräfte, die in der Holzwirtschaft frei werden, gehen nahtlos in den Fremdenverkehr über. Diesen Übergang kann man aus dem Kapitel „Heute steht im Dorf kein einziges Haus von früher mehr" gut herauslesen: Der ehemalige Wagner wird Sportartikelhändler, die Schmiede ein Souvenirgeschäft, der frühere Schneider ist heute Hotelier. Auch zwei Söhne Barbaras finden im Wintertourismus einen Nebenerwerb. Die Zeit dazu ermöglichte ihnen der Einsatz von Landmaschinen.

Der Band „Steiler Hang", der den zweiten Teil der Lebensgeschichte Barbara Passruggers umfaßt, führt den Leser in eine ganz andere gesellschaftliche Umwelt als der unter dem Titel „Hartes Brot" erschienene erste Text: An die Stelle einer traditionell orientierten Bergbauerngemeinde ist ein modernes Wintersportzentrum getreten.

Als sich Barbara dazu entschloß, ihre Lebensgeschichte von ihrer Heirat an in einem zweiten Band niederzuschreiben, war sie bereits Erfolgsautorin und hatte Lesungen, Interviews, Fernsehauftritte und Präsentationen hinter sich. Zweifellos hat der Erfolg des ersten Buches ihr Leben verändert. Daher stellte sich für mich die Frage, ob in einem zweiten Band die Authenzität gewahrt bleiben kann, die ein besonderes Qualitätsmerkmal des ersten Bandes darstellt.

Ich bin nach der Fertigstellung des Manuskriptes froh darüber, sagen zu können, daß sich meinem Eindruck nach an der Unmittelbarkeit von Barbaras Erzählweise nichts geändert hat. Einen Teil des Textes hat Barbara handschriftlich selbst verfaßt, dieser Teil ist unverändert in diesem Buch enthalten. Inhaltliche Änderungen habe ich nur dann vorgenommen, wenn es zur allgemeinen Verständlichkeit notwendig war. Ansonsten beschränkte sich die Bearbeitung auf ein systematisches Ordnen der Erzählungen.

Der zweite Teil stammt aus Tonbandaufzeichnungen, die ich an Ort und Stelle transkribiert habe. Den provisorischen Text habe ich dann Barbara vorgelegt, die dieses Gerüst neu formuliert und damit in die Form gebracht hat, wie sie in diesem Buch vorliegt.

Barbara war so freundlich, mich auf ihrem Hof als Gast aufzunehmen. Wir hatten uns schon vorher gekannt, und Barbara lud mich ein, ihr bei der Fertigstellung des zweiten Bandes behilflich zu sein. Diese Voraussetzung und der Umstand, daß wir viel Zeit miteinander hatten, bildeten optimale Bedingungen. Sie ließen die Entstehung des Buches zu einem Erlebnis für uns beide werden.

Da wir viel Zeit hatten, mußten wir nicht geplante Tonbandaufnahmen machen, die viel an Spontaneität verhindert hätten. Etliche von den insgesamt über dreißig aufgenommenen Stunden Gespräch sind in Alltagssituationen wie beim Kochen, Frühstücken oder Spazierengehen im Ort oder in der Nähe des Hofes entstanden. Barbara hat in ihren Erzählungen oft unmittelbar an diese Alltagssituationen angeknüpft.

Nachdem Barbara schon 1989 mit ihren schriftlichen Aufzeichnungen begonnen hatte und ich im März 1992 die ersten Seiten ihres Manuskripts erhalten hatte, besuchte ich sie im April dieses Jahres in Filzmoos, und wir begannen mit der Planung. Anfang Juni zog ich bei ihr ein, um mit den Tonbandaufzeichnungen zu beginnen. Ich stellte meinen Computer bei ihr auf. Unterbrechungen gab es dabei nur durch die fürchterlichen Gewitter, die mich um das im Computer Gespeicherte zittern ließen. Auch heute noch kann man gut verstehen, warum Barbara schreibt: „Mit Krediten paßten wir immer auf." Daß ein Gewitter oder ein Sturm eine ganze Existenz ge-

112

fährden oder sogar vernichten konnte, läßt sich nach solchen Erlebnissen sehr eindrucksvoll nachempfinden.

Für den ersten Entwurf brauchten wir den ganzen Juni. Anfang Juli kamen immer mehr Touristen nach Filzmoos und auch zu Barbara Passrugger auf das Haidegg. Oft waren es so viele Besuche, daß es schwer für uns war, noch Zeit für unsere Gespräche zu finden. Um diese Umstände unserer Arbeit zu illustrieren, will ich versuchen, ein Erlebnis mit Besuchern zu schildern, das mich etwas nachdenklich machte.

Barbara und ich saßen auf der Bank vor dem Haus, und sie erzählte gerade über ihr Verhältnis zu Religion und Kirche im allgemeinen. Im speziellen waren wir gerade bei einem sehr persönlichen Thema, das auch im Buch enthalten ist, bei dem sie sich, von Depressionen geplagt, mit Selbstmordgedanken trug. Als wir an dieser Stelle angelangt waren, kamen eine mit Barbara bekannte Wirtin und deren Feriengäste zu Besuch. An sich war das nicht ungewöhnlich, es kommen oft Touristen zu Barbara, über die sie sich auch freut und denen sie gerne ihre Geschichten erzählt. Aber diesmal erzählte Barbara den Gästen weiter, worüber sie mit mir begonnen hatte. So sehr war sie vom Thema gefangen. Im lebensgeschichtlichen Erzählen ist es nicht leicht, die Grenze zu finden, was für welche Öffentlichkeit bestimmt ist. Und die Erfolgsautorin hat es mit sehr unterschiedlichen Formen der Öffentlichkeit zu tun.

Es wäre ungerecht, Kritik an den Folgen des Erfolgs zu üben und die positiven Seiten wegzulassen. Barbara hat große Freude an ihren Veröffentlichungen. Außer dem Buch „Hartes Brot" hat sie noch Beiträge in den Bänden „Als das Licht kam" und „Hände auf die Bank" verfaßt. Sie wird auch nicht müde, sich über das Glück zu freuen, durch ihre Veröffentlichungen so viele Leute kennenzulernen.

Unter diesen vielen neuen Gesprächspartnern sind es vor allem die Jungen, die Barbara anzusprechen versucht. In unseren vielen Gesprächen habe ich den Eindruck gewonnen, daß es ihr ein besonderes Anliegen ist, gerade der jüngeren Generation aus ihrem Leben zu erzählen. Und sie vermittelt damit eine besondere Botschaft. So hart das Brot und so steil der Hang auch gewesen ist, das Leben hat stets auch seine positiven Seiten. Sie jammert und klagt nicht über ihr Schicksal. Sie sieht in ihrem schweren Leben immer wieder die Chance zu einer Wende zum Guten.

Vielleicht ist es dieser unbeugsame Optimismus, der die enorme Ausstrahlungskraft Barbara Passruggers ausmacht. Vielleicht liegt darin die wichtigste Aussage ihres Buches – gerade zu uns Jungen gesprochen.

Georg Hellmich

ÖSTERREICH

Hugo Portischs großartige Dokumentation spannt einen weiten Bogen vom Zusammenbruch des Kaiserreichs über die Anfänge der Ersten Republik und den ›Anschluß‹ 1938 bis zur Geburt der Zweiten Republik.

Hugo Portisch
Österreich I
*Die Erste Republik
(1916 bis 1938)*
Zwei Bände im Schuber
19/300

Hugo Portisch / Sepp Riff
Österreich II
*Die Geschichte Österreichs
vom Zweiten Weltkrieg
bis zum Staatsvertrag*
Vier Bände im Schuber
19/305

»Nicht zuletzt der zeitgeschichtlichen Arbeit Hugo Portischs ist es zu verdanken, daß so viele heutige Österreicher ihr Land und seine jüngere Vergangenheit besser und richtiger verstehen.«
Neue Kronen Zeitung

Wilhelm Heyne Verlag
München

Leben und Sterben in Wien!

05/61

05/94

Außerdem erschienen:

Edith Kneifl
In der Stille des Tages
Psychothriller
05/4

Wilhelm Heyne Verlag
München

ÖSTERREICH
Land im Herzen Europas

Hellmut Andics
Die Frauen der Habsburger
19/277

Rolf Bauer
Österreich
Ein Jahrtausend Geschichte im Herzen Europas
19/324

Gordon Brook-Shepherd
Zita
Die letzte Kaiserin
19/332

Conte Corti
Elisabeth von Österreich
Tragik einer Unpolitischen
12/40

Sigrid-Maria Größing
Amor im Hause Habsburg
Eine Chronique scandaleuse
19/329

Hugo Portisch
Österreich I
Die Erste Republik (1916 bis 1938)
Zwei Bände im Schuber
19/300

Hugo Portisch / Sepp Riff
Österreich II
Die Geschichte Österreichs vom Zweiten Weltkrieg bis zum Staatsvertrag
Vier Bände im Schuber
19/305

STICHWORT: Habsburg
19/4022

STICHWORT: Österreich
19/4012

Wilhelm Heyne Verlag
München

"Ich bin Barbara Passrugger, geborene Hofer. Meine Eltern waren Johann und Anna Hofer, Bauersleute vom Rettenegg-Gut in Filzmoos. Ich war deren achtes Kind. Da wurde mir schon ein hartes Schicksal in die Wiege gelegt."

Im Alter blickt Barbara Passrugger auf ihr schweres, aber erfülltes Leben als Bergbäuerin und Sennerin zurück. Ein Leben voll Armut, harter Arbeit, Entbehrungen und Schicksalsschlägen, aber auch voll Sinneslust und Lebensfreude.

19/2027   19/2043

Wilhelm Heyne Verlag
München

DEIX

„Ich sammle Deix-Karikaturen, die in ihrer Drastik, in ihrer Bestimmtheit, in ihrem starken Ausdruck von einer besonderen Qualität sind."

*Dr. Fred Sinowatz,
österreichischer Bundeskanzler*

Mein Tagebuch
Heyne-Taschenbuch
01/7654

Meine h(g)eile Welt
Heyne-Taschenbuch
01/7837

Mein böser Blick
Heyne-Taschenbuch
01/7924

**Aus meinem
prallen Leben**
Heyne-Taschenbuch
01/8026

Wilhelm Heyne Verlag
München

Erzähler der Weltliteratur

Literarische Lesebücher, die herausragende Erzählungen bedeutender Schriftsteller in repräsentativer Auswahl vereinen.

Günther Fetzer (Hrsg.)
Deutsche Erzähler des 20. Jahrhunderts
01/8707

Günther Fetzer (Hrsg.)
Europäische Erzähler des 20. Jahrhunderts
01/8708

Günther Fetzer (Hrsg.)
Amerikanische Erzähler des 20. Jahrhunderts
01/8709

Wilhelm Heyne Verlag
München